情绪决定命运

不完美，才美

才美

II

一切在你手中

海蓝博士 著

SPM
南方出版传媒
广东人民出版社
·广州·

海蓝博士简介

复旦大学医学博士、美国得州贝勒医学院神经科学博士后
美国范德堡大学皮博迪教育和人类发展学院心理学硕士
中国抗挫力训练总设计师
心理创伤治疗与压力管理专家
"静观自我关怀"全球首位中国师资培训师
中国家庭教育学会常务理事和高级顾问

  20余年医学领域科研和工作经验，15年身心健康领域工作经验，具有深厚的科学基础和学术背景，同时兼具丰富的临床咨询和团体培训经验，是一位理论与实务兼具的身心健康专家。

  在美期间，作为美国最大的心理健康中心Centerstone的移民与难民部主任，为来自世界32个国家的移民和难民提供危机干预和创伤治疗，其负责的项目获得2005年度田纳西州心理健康杰出项目奖。

2008 年汶川特大地震后，驻扎灾区服务三年，带领团队为 40 多所学校的几万名师生进行危机干预、创伤治疗、压力管理、青少年抗挫折能力等培训和服务。由其担任总督导的中国青少年发展基金会"5·12 心灵守望计划"被评为"中华慈善奖最具影响力慈善项目"，该项目获得胡锦涛同志颁奖。

2011 年至今，在全球神经科学、心理学和现代身心医学的最新理论和实践的基础上，开创性地将 Mindfulness（静观）、MSC（静观自我关怀）、PE（延长暴露疗法）、Anxiety and OCD（焦虑与强迫症暴露疗法）、Resilience（抗挫折能力）等世界最先进的科学方法与中国社会生活的实际情况相结合，逐步建立并不断完善了一套幸福力同伴教育体系，用于提高人的内在动力、情绪管理技能和幸福力。

2012 年应阳光媒体集团董事局主席、著名媒体人杨澜女士的邀请，担任"天下女人幸福力课程"首席专家导师，先后影响 40 多万人的成长和改变。

2015 年 5 月，创立"海蓝幸福家"，致力于帮助中国四亿家庭提升幸福感，通过梳理和提升与己关系、亲密关系和亲子关系，将宁静和谐带入每一个家庭。

目录

Contents

Chapter 2 ｜ **第二章** ｜

少有人知道的情绪真相

掌握人生最大的本领：与任何不如意和平相处

不焦虑的智慧

Chapter 6 | 第六章 |

情绪梳理七步法

Chapter7　| **第七章** |

静观自我关怀：找到世界上最爱自己的那个人

不与自己对抗，你就会更强大
——初识静观自我关怀　230

陪你从出生一直到死的那个人是谁　234

Chapter 8 ｜ 第八章 ｜

培养积极情绪，一切尽在手中

Afterword | 后记 |

Praise for the book | 大家评论 |

掌控了情绪，一切在手中

　　回顾自己走过的人生，见证了无数生命的过往，我深深地感悟到：对我们生命造成困扰最多的不是知识匮乏、技能缺乏、智力有限，而是一路走来，和周围各种人关系的矛盾冲突所引发的负面情绪——对自己的不接纳，对父母的抱怨，对爱人的失望，对孩子的担忧，对领导和同事的不满，被他人误解、欺骗、指责、不尊重、不认可甚至攻击。

　　总之，人与人之间关系越近，所产生的搅扰和苦恼就越多。

　　当下这个时代，不管是商界大腕、政界人物、社会名流、各种明星，还是普通百姓，大多数人都或多或少在受"后悔过去、担忧未来、不满今天"之苦。每天都有一些人因为情绪失控，用暴力对待他人，或选择离开这个世界，更多的人活在纠结、焦虑中辗转反侧不能入眠。而由不良情绪导致的多种迁延难愈疾病的种类也在飞速增加。

每当我听到身边各种抑郁、焦虑、自杀、暴力等案例，想到导致中国15～35岁群体死亡的第一原因不是疾病，不是意外，而是自杀时，我就想大声呐喊：作为国家、学校、各种机构、媒体、家庭，最需要关注的不是成绩、业绩、面子、成功，而是一个人是否能够在遭遇各种不如意的时候，在失望甚至绝望中学会调整、梳理、关怀、稳定自己的情绪，不自伤，也不伤人，少患病！

我们每天都非常忙碌，操心很多事情，可是对决定生老病死、决定幸福的关系和情绪，却很少花时间和精力去关注和管理。

在医学领域求学实践20余年，教育心理学领域实践17年，我一直在思考一个问题——我所经历的一切，以及许许多多人所经历的折磨和痛苦，有没有方法避免、减轻或减少？人真的非要经历如此多苦痛，积重难返到没有选择的时候，才去改变吗？

答案是：太多的苦难没有必要！太多的苦难源于无知！方法肯定比问题多！

21世纪是神经科学和心理学的世纪，许多新的发现使我们比历史上任何一个时代的人都有更多的可能选择适合自己的科学方法，来修复情绪的创伤，强大我们的心灵。

现在我们出门旅行会乘汽车、火车、飞机，过去用几个月甚至几年才能到达的地方，现在花几小时或几十个小时就可以到达。但面对自己的不良情绪，许多人还活在骑马、坐驴车的年代。

实际上，这个世界有许多帮我们"放下过去、少忧未来、享受当下"的科学之道，更有不少应对人生各个阶段压力、疏解不良情绪的方法，只是鲜为人知。

我认为，人生应该学的第一门功课就是情绪管理；如果人生只学一门课，也应该是情绪管理，而不是数理化。

因为掌控了情绪就把握了命运，掌控了情绪就把握了幸福！

我的第一本书《不完美，才美》出版后，许多读者问得较多的问题是，"如何使自己在情绪不宁时能够很快恢复平静，保持与人的和谐？"我也自然联想到每日新闻中播报的，周边朋友、同事、学生、家长、夫妻情侣的大量案例——由于情绪失控引发各种矛盾，最后导致关系破裂，甚至在与恶劣情绪的纠缠、挣扎中，深陷其中不能自拔，让自己的生命以罹患疾病，甚至以自灭的形式消失。由此，总结自己和曾经帮助过的许许多多人的生命历程，我想分享一本关于如何梳理自我情绪的书，也许能够使大家看到自己生命的全相，不会因为陷入不良情绪的死角而备受煎熬，不会使生活常常充满焦虑、恐惧、担忧、不满、愤怒、悲伤、怨恨、内疚、羞耻，不会让本该活得美好的日子变得黯然失色。

这个世界上，所有人不管做什么，忙什么，其实都为了两个字，那就是——幸福。生活是否幸福，过得好与不好，是否完满，不仅仅在于成就了什么，拥有了什么，更重要的是感受了什么。感受宁静、和谐日子的多少，决定了我们幸福的多少。

静心想想，我们从幼儿园到大学毕业，甚至硕士、博士毕业，绝大多数人从未学习过决定我们幸福程度的根本方法——如何与自己的各种负面情绪相处。好消息是，只要开始学习和践行，不管你是什么年龄都为时不晚，你的心境都可以变得淡定而宁静。

　　在这本书里，我将分享自己体验和见证过的一切，希望读这本书的你，能够在别人的生命故事中照见自己，并因为这份看见，感到通向美好生命的路并不遥远。只要学习，愿意改变，所有不堪的时刻都可以变成托举我们向上的能量，生命更加丰厚的起点，而人生也因此变得越来越美好。

peace & love

2016 年 6 月 19 日

人类是天生的负面思想家

人类是天生的负面思想家。当我们在生活中遭遇困难、失败、犯错误或感到自己在某些方面能力不足的时候，常常会感到威胁。这种恐惧会触发我们大脑中的威胁防御系统，让我们进入本能的反应状态战斗、逃跑或僵住。如果这种威胁是针对我们的自我认知（比如说，你无意中说了一些羞辱他人的话，因此对自己很不满），我们的威胁——防御系统就会转向内在，具体表现为：批评自己（战斗），隐藏自己（逃跑），或循环往复地思考自己有多糟糕（僵住）。这种本能反应并不完全是一件坏事，这只是我们大脑的基本功能。

几千年前，当我们的祖先在篝火边围坐聊天时，那些积极乐观、放松随意的人，相比那些负面思维较多、紧张戒备的人来讲，更容易被狮子叼走。因此，为了生存，我们大脑的天然倾向是关注负面情绪。不幸的是，这种倾向对于人类生存有益，而对于人类的幸福却没有任何帮助。

幸运的是，我们还可以通过另外一种方式感到安全。遇到威胁时，除了最容易也最快被触发的威胁防御系统，我们大脑中还有一个哺乳动物照料系统。哺乳动物的幼崽非常脆弱，需要较长时间的发展才能适应生存环境。因此，物种演进到哺乳动物时，逐渐具有了一个照料系统，这个系统会提醒成年的哺乳动物照顾幼崽、保障幼崽安全，同时也提醒幼崽靠近父母、在父母的陪伴中感到安全。也就是说，面对威胁时，善意、关怀和温暖也可以让我们感到安全。而且，我们也可以把这样的照料和关爱给予自己。

换句话说，我们并不只是大脑负面偏好的受害者。我们可以培养一种和负面情绪做朋友的能力，让自己感到安全、被支持，从而创造更多的快乐和人与人之间的连接。

在这本书中，海蓝博士向我们介绍了如何做到这一点。她创立的情绪梳理七步法，能够系统地帮助人们应对焦虑、恐惧、悲伤、哀恸、抑郁和愤怒等负面情绪，并学会与困难情绪做朋友。她结合了许多实际案例，通过她亲自帮助和见证的生命故事，详细而生动地讲述了每一步如何进行。海蓝博士也向大家介绍了静观——即对当下保持开放和接纳的觉知，以及在面对困难情绪时，如何通过静观帮助我们立足当下。

作为一位"静观自我关怀"师资培训师，海蓝博士也在本书中介绍了如何应用自我关怀来应对负面情绪。"静观自我关怀"是由克里斯托弗·肯·杰默（Christopher K.Germer）和我联合创立的。什么是自我关怀？自我关怀就是在我们经历挣扎、失败、感到无力时，能够像对待自己的朋友或爱人一样对待自己。不幸的是，我们大多数人总是对自己比对别人更加严厉苛刻。好在自我关怀是一种可以学习的能力。目前已有几百项科学研究证明，自我关怀与健康直接相关，如减少焦虑、抑郁和压力，提高幸福感和生活满意度，加强处理问题的能力，增强免疫系统功能，改善人际关系等。我们也知道，自我关怀能力的提高可以帮助人们在照顾他人的同时不耗尽自己。最后，与恐惧相反，自我关怀可以增强人们实现人生价值和目标的动机。因为自我关怀给了我们情绪上的支持，一方面让我们更加努力、全力以赴，另一方面让我们不怕失败、降低焦虑。简言之，给自己善意和支持，特别是在我们经历困难情绪时给自己善意和支持，可以帮助我们释放潜力、实现有价值的人生。

通过本书，我们可以学会如何应对并最终转化失败感、无力感等负面情绪。这让我们找到一种新的存在方式，不仅让自己更幸福，也可以更开放、更持续地给予和照顾其他人。

克里斯汀·奈弗（Kristin Neff）博士
（德克萨斯大学副教授，"静观自我关怀"创始人之一
Self Compassion : Stop Beating Yourself Up and Leave Insecurity Behind
《自我同情：接受不完美的自己》作者）

这是一份通往新生活的请柬

　　很荣幸再次为海蓝博士的书写序。她的第一本书《不完美，才美》非常畅销，许多读者反馈，希望更多地了解如何管理情绪。于是，她的第二本书《不完美，才美Ⅱ——情绪决定命运》应运而生。

　　在书里，海蓝博士用深入浅出的语言，解释了什么是情绪、如何应对各种情绪。值得一提的是，她详细介绍了她创建的情绪梳理七步法，手把手教你如何梳理自己的情绪。最后，她还探讨了积极情绪的来源，以及如何创建积极情绪、获得健康和幸福。

　　当我们遇到愤怒、恐惧、悲伤或羞耻等负面情绪时，很自然的反应就是想赶走这些情绪，或者消灭它们。人们遇到不舒服时，都会与之对抗。这种对抗虽然在生理层面上保护了我们，但是在心理上却并非如此。比如，当我们面临实际危险时，本能反应是战斗、逃跑或僵住不动,直到危险过去。但当危险来自于我们的内在——当我们遭受负面情绪的攻击时,我们是怎么做的?我们对抗的本能就变成自我批评,逃跑的本能就变成情感麻木,而僵住不动则像大脑被卡住了一样,一遍又一遍地问自己,"为什么是我?""为什么这件事发生在我身上?"当我们与情绪对抗时,它们会越战越勇,对抗甚至越演越烈。

在这本书里,海蓝博士再次给大家指出了一条少有人走的路——和你的情绪做朋友。重要的是,她告诉我们如何以安全、有效的方式,和我们的情绪做朋友。安全很重要,如果我们不会游泳,就不要去深水区。因此,海蓝博士专门介绍了静观和自我关怀,以及如何运用静观和自我关怀的方法与技巧面对负面情绪、与它们和平共处,并通过日积月累,最终实现情绪管理。

每个困难情绪都在给我们传递一个重要消息。和情绪做朋友,就像与情绪共进晚餐一样,相对而坐,仔细倾听,看看它要跟你说什么。举个例子,当我们愤怒时,也许是我们的身体和大脑在试图保护一些非常重要的东西,也许是我们的尊严,是自尊;或者是我们早已遗忘的童年创伤被激活了,现在是正视它、放下它的时候了,让我们可以更好地生活。

如海蓝博士所言,所有负面情绪向我们传达的信息都体现了人性的共通之处,即世界上所有人的共同需求,比如被看见、被听见、被重视以及我们的终极需求——被爱,以我们自己原本的样子被爱。当我们敞开自己面对负面情绪时,不仅能更深刻地了解自己,同时

不完美，才美 II

找 到 世 界 上 最 爱 自 己 的 那 个 人

海蓝幸福家
情绪梳理七步法

使用手册

掌控了情绪

一切在手中

海蓝博士　　　　抑郁、焦虑、自我关怀
微博二维码　　　　自测表二维码

海蓝幸福家网址：http://www.hailanxfj.com

日期	编号

第一步：自我关怀

① 停下来，深呼吸，为情绪命名

② 身体定位

③ SSA：软化，安抚，允许

S 软化：把手放在身体不舒服的部位，让它变得柔软	
S 安抚：像对待小宝宝一样安抚痛苦的灵魂，给予接纳、支持、爱的语言	
A 允许：不对抗，不评判，让一切自然流淌	

第二步：探索需求

我究竟想要什么	
对方究竟想要什么	

第三步：情绪管理 ABC				
A 事件	B 解读	C		
		你的情绪	你的行为	结果
	解读 1			
	解读 2			
	解读 3			

第四步：与智者对话

第五步：核对

第六步：再次发生的行动计划
（可操作，可量化，可执行）

第七步：收获总结

日期	编号

第一步：自我关怀

① 停下来，深呼吸，为情绪命名

② 身体定位

③ SSA：软化，安抚，允许

S 软化：把手放在身体不舒服的部位，让它变得柔软	
S 安抚：像对待小宝宝一样安抚痛苦的灵魂，给予接纳、支持、爱的语言	
A 允许：不对抗，不评判，让一切自然流淌	

第二步：探索需求

我究竟想要什么	
对方究竟想要什么	

第三步：情绪管理 ABC

A 事件	B 解读		C		
			你的情绪	你的行为	结果
	解读 1				
	解读 2				
	解读 3				

第四步：与智者对话

第五步：核对

第六步：再次发生的行动计划
（可操作，可量化，可执行）

第七步：收获总结

日期		编号	

第一步：自我关怀

① 停下来，深呼吸，为情绪命名

② 身体定位

③ SSA：软化，安抚，允许

S 软化：把手放在身体不舒服的部位，让它变得柔软	
S 安抚：像对待小宝宝一样安抚痛苦的灵魂，给予接纳、支持、爱的语言	
A 允许：不对抗，不评判，让一切自然流淌	

第二步：探索需求

我究竟想要什么	
对方究竟想要什么	

第三步：情绪管理 ABC					
A 事件	B 解读		C		
			你的情绪	你的行为	结果
	解读 1				
	解读 2				
	解读 3				

第四步：与智者对话

第五步：核对

第六步：再次发生的行动计划
（可操作，可量化，可执行）

第七步：收获总结

日期	编号

第一步：自我关怀

① 停下来，深呼吸，为情绪命名

② 身体定位

③ SSA：软化，安抚，允许

S 软化：把手放在身体不舒服的部位，让它变得柔软	
S 安抚：像对待小宝宝一样安抚痛苦的灵魂，给予接纳、支持、爱的语言	
A 允许：不对抗，不评判，让一切自然流淌	

第二步：探索需求

我究竟想要什么	
对方究竟想要什么	

第三步：情绪管理 ABC				
A 事件	B 解读	C		
		你的情绪	你的行为	结果
	解读 1			
	解读 2			
	解读 3			

第四步：与智者对话

第五步：核对

第六步：再次发生的行动计划
（可操作，可量化，可执行）

第七步：收获总结

一份通往新生活的请柬

做完了情绪梳理七步法，你的内心是否恢复了宁静与和谐？现在，我们邀请你给自己或者你最在意的人写一封信，并在信里写下你最想说的话，可以是关怀、安慰、道歉、接纳……通过这样的自我梳理，来开启你的新生活吧！

紫图图书 ZITO®

情绪决定命运

不完美，才美

II

如果您想更系统地学习情绪梳理七步法，欢迎扫描并关注左侧海蓝博士微信公众号，海蓝幸福家将不定期举行相应课程及打卡活动；如果您想拥有情绪梳理七步法手账，回复"手账"即可了解详情。

还能够更深刻地了解人类的本性。当我们真的了解世界上所有人都和我们一样，都需要被爱，我们就能在其他人的眼中看到这个需求，我们就不会感到孤单。如此深刻的洞见，让我们增加了智慧，并在心中油然升起关怀之情。

海蓝博士的书是一份通往新生活的请柬。在现代社会中，很多人已经过上了舒适的物质生活，但他们仍在探索如何过上舒适的精神生活。海蓝博士的提议并不是新鲜事物——那其实是一位真正的疗愈者在用自己的方式重新阐述古老的智慧。

海蓝博士是医学博士和创伤治疗专家，也是几百万人的人生导师，她独创了同伴教育体系，并通过图书、电视、互联网等各种媒介广泛传播。作为她的朋友和同事，能够与她联合授课并有机会向她学习，我感到非常荣幸。如果你正在寻找切实可行的方法，让自己、家人和更多的朋友都能获得宁静和幸福，我相信这本书能够帮到你。

克里斯托弗·肯·杰默（Christopher K. Germer）博士
（哈佛医学院心理学临床导师、"静观自我关怀"创始人之一
The Mindful Path to Self-Compassion
《不与自己对抗，你就会更强大》作者）

推荐序

Introduction

"人们从来不会穷得无法给予"

瑞士著名心理学家和精神分析家卡尔·荣格曾说："如果没有情绪，黑暗无法转化为光明，冷漠无法转化为行动。"彩虹由各种颜色组成，情绪由各种味道组成，酸甜苦辣、悲欢离合。正是因为体味了这些情绪，我们才真正为人。情绪既可以成就我们、推动我们实现最好的生活，也可能羁绊我们、阻碍我们享受完整的人生。

海蓝博士是我多年的好友和同事，她在自己的第二本书中给读者提供了切实可行的方法，帮助朋友们与自己的情绪建立健康的关系，让他们可以根据自己的需求和心愿实现自己的人生，同时也不忘履行自己对家庭、朋友、社会应尽的责任。

海蓝博士勇敢而坦诚地分享了她的人生经历，包括她年轻时代抑郁的挣扎、疗愈的过程、她的成长以及她的发现。海蓝博士结合自己多年的医学和心理学学习，以及在世界各地针对各种人群、各种境遇的心理学实践，创立了一套以管理情绪能量为核心的体系，这套体系让人们可以更好地了解自己、更愿意采取行动、更友善地对待自己并变得更加幸福。

在多年进行心理咨询和治疗以及培训心理咨询师的过程中，我发现，坏情绪并不是我们的敌人，而往往是我们为了控制坏情绪或避免产生坏情绪的所作所为，造成了我们最大的困难。比如说，某人因为害怕在工作中犯错而不愿尝试新工作，以此避免犯错之后的尴尬。他（她）因此错过了从（可能的）错误中学习的机会，从而也错过了提高自己、取得成功的机会。本书提供了许多具体的方法，让人们不仅能够了解和管理自己的情绪，并能转化为积极的行动，最终迈向更幸福的人生。

本书的最后，海蓝博士向读者分享了一个珍贵的礼物——给予。从古至今，贡献他人都是实现自身价值、获得幸福人生的一个有效途径，这已经过时间的检验。古今中外的许多哲学家、思想家都极力赞美和倡导付出与贡献。《道德经》中说："天之道，利而无害。"圣方济各说："我们在给的过程中收获。"安妮·弗兰克——第二次世界大战中在阿姆斯特丹躲避纳粹迫害的犹太少女——在她的《安妮日记》中写道："人们从来不会穷得无法给予"。

艾尔娜·雅丁（Elna Yadin）博士
（原宾夕法尼亚大学焦虑治疗和研究中心 OCD 中心主任）

每一种情绪，
本质上都是守护我们的天使

　　浮躁，是现代社会的代名词，大家都在为事业和家庭奔波着。现代都市生活的节奏，快到让人们有时候忘记了自己。回想一下，我们有多久没有享受微风中的和煦，没有感受时光的缓慢前行，没有给自己的心灵来一杯下午茶了？

　　阅读海蓝博士的《不完美，才美Ⅱ——情绪决定命运》，犹如与一位故友约了个下午茶，周围那些红色的浮躁都被添上了海蓝色，打开了消失已久的想象空间。宁静、舒缓、真诚……这些清新自然的感觉自然流淌在心间。这场心灵的隔空对话，就像电影画面，由海蓝博士娓娓道来，徐徐展开，而我静静地安坐，品着一杯茶，开始省度自己的过往，正视自己的情绪，开启理性与感性的交融，感悟的共鸣悄然发生。

情绪，有形地表达出来却无形地存在于我们身体里。每个人的人生经历都不是完美的，压抑、焦虑、悲观、失望……谁都可能与负面情绪不期而遇。如果一味逃避，它会像"黑狗"一样穷追不舍；如果接受它呢？海蓝博士以亲身经历，与我们分享和情绪的相处之道：做情绪上的智者，不逃避不对抗，拥抱它悦纳它。因为每一种情绪本质上都是守护我们的天使，和我们的情绪做朋友，健康和幸福也会与我们不期而遇。

与大多数的畅销书不一样，海蓝博士的亲身经历都是用心灵的语言在书写，没有华丽夸张的修饰。在医学和身心健康领域从事研究及临床试验达 35 年之久，丰富的经验汇聚成《不完美，才美》系列书籍，可谓是厚积薄发。遵从内心的真实想法，将"想"转化为"做"，并且有了杰出的成就。难能可贵的是，面对实践梦想时的种种困难，她都依旧保持着诗意的生活态度。这种诗意不是游山玩水的逍遥随性，而是一种怡然自得，一种博学笃志的神闲气静。作为经济工作者，我们不仅要思考如何顺应高速发展的时代，还要思考该如何保持着这样的诗意和美好，如何让企业在时代的滚滚洪流中优雅地前行。

一杯下午茶的诗意，是一个孤独者的独处。这个时代难得的纯粹，宛如我有一杯茶、你有一段故事的纯粹。

宁远喜（全国人大代表、广东上市公司协会会长、
广东宝丽华新能源股份有限公司董事长）

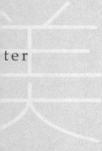

第一章
Chapt
1

谁的人生都有
好像过不去的坎

父母和老师的负面情绪，轻易就能毁伤孩子

记得上小学期间，我常躲在我家的栋房口不敢回家，一直等到看到妈妈的自行车出现在家门口才愿意回家。妈妈是医生，经常早出晚归。对于童年的我来说，在放学之后看到妈妈的自行车停在家门口，就是幸福。

我生长的年代，正值"文化大革命"热火朝天的时候。爷爷是当地的名医，作为"反动学术权威"被抓起来，经常挨批斗，每天扫厕所。父亲当年是高考状元，以优异的成绩进入北京大学，毕业后踌躇满志地想干一番事业。但是他大学毕业不久，"文化大革命"就开始了，在"知识越多越反动"的思潮影响下，读书无用是一种时尚。父亲一生酷爱读书，他一生最崇拜的人是爱因斯坦，最大的梦想就是成为像爱因斯坦一样的人。可他无力与现实抗衡，心怀成为爱因斯坦的梦想，却被派送到煤矿去挖煤，于是心情非常低迷和失落，内心自然有很多无法释怀的不满。而我变成了承载父亲不满的对象。

他的脸经常是阴沉的，脾气暴躁，在他身边，我总是小心翼翼，生怕做什么事、说什么话会触怒他，随之招致一顿说教、吼

叫，甚至打骂。

幼小的我不谙世事，也无法理解爸爸为什么高兴的时候很少，只有一种莫名的恐惧，本能的反应是妈妈不在的时候，我能躲多远就躲多远。记得有一次，在爸爸打了我之后，我离家出走了。天黑了，外面越来越冷，一个人在昏暗的灯光下蜷缩在商店的外面，看着街上越来越稀少的人群，心里非常害怕，心想等我长大有了孩子，绝对不打他，有话跟他好好说。

童年的生活，像是头顶了一团乌云，我常常想，有一天我能够独立生活，我会远走高飞，不再回家。

长大后我才知道，父亲怀才不遇的郁闷，无法排解的压抑，前途无望的失落，甚至绝望，使他内心充满负面情绪，却又没有疏导的方法，于是胡乱发泄成了他生活中最本能的一种释放。

在缺乏觉察的情况下，人本能发泄的对象，一定是他身边比他弱小的人。

我相信，朝我发泄不良情绪不是父亲的本意，是他内心憋屈太久后的本能反应。但他这种本能的反应，给我带来的影响却极其深远，让我在很长时间内都觉得自己不够好、不被认可、不被喜欢，无论怎样努力都对自己不满意。

另外，也使我在成长的岁月里不知道如何与男性相处，特别是在与权威男士相处时，我常常不知所从，一方面千方百计想得到他们的认可，另一方面又对他们的建议和意见有种本能的排斥和对抗，这使我内心纠结不堪，身心疲惫。

也因此，我和父亲的心理距离一直很远。成年后，每次打电话回家，只要妈妈不在，我就会很快挂电话。即便回家也不喜欢和父亲独处，总有一种不自在。

直到很多很多年后，在静观人生梳理时，我才真的看到父亲负面情绪背后的各种原因，看到了父亲的爱一直都在，只是年幼的我不能从他那种爱的方式中感受到。

随后在多年的心理咨询工作中，我知道有太多的父母因为对自己的人生不满，就把各种负面情绪以强势讲道理、要求、训斥甚至打骂的方式发泄到爱人和孩子身上。我不知道这些方式曾使多少孩子夜不能寐，泪浸枕巾，内心孤独、压抑、没有自信，也使他们感到世界灰暗、人不可信，于是在毫无觉察中，孩子起始的人生底板就涂上了灰色。

我上中学时，有位数学老师让我在黑板上给全班同学解一道数学题。我解完之后，他皱着眉头，带着轻蔑的眼神和表情说："这个题解得是什么？连放屁都不如。放屁还有点味道，你这解法什么味道都没有。"

尽管后来他发现我的答案是对的，只是解题的方法繁琐了些，但他没有道歉。对一个十几岁的孩子来说，那种当着全班同学的面被羞辱的感觉，真的是羞愧难当，当时真恨不得找个地缝钻进去，消失不见。

我还记得他在发现我的答案是对的时候，那种不以为然、轻描淡写的态度，让我感到被冤枉后的羞辱和愤怒。从那以后，我开始讨厌数学，也不再想学习数学。尽管知道数学是高考的必考科目，非常重要，但我依然倔强地拒绝和数学有关的一切。父亲也因我数学成绩严重滑落而焦灼，拼命想让我提高数学成绩。我却因此更加对抗，以至于高考时，我数学只考了 33 分，严重影响了我的高考总成绩。只是因为其他科目成绩优异，没有导致高考落榜。

我看到，太多的孩子某门功课不好，都是因为不喜欢老师，所以不喜欢这个老师教的科目。而家长只是一味地给孩子施压、补课，让孩子更为厌学。不仅如此，还破坏了与孩子的关系。

记得在"如何培养一个有抗挫力的孩子"的家长课堂上，有个 10 岁左右的男孩，长得非常帅，也非常聪明，经常是我话音未落，他已有了答案，而且回答得很有自己的想法和视角，相信他的智力水平超常。但他的语文成绩经常不及格，作业很潦草，老师几乎每天向孩子妈妈投诉抱怨，让妈妈非常苦恼。

我问孩子，为什么不好好做作业？那么聪明，成绩却不及格？孩子回答道："爸爸妈妈经常吵架，我上课的时候总是想他们吵架的事，不能专心听讲，老师就批评我，有时候还打我，我就非常愤怒，很讨厌老师，所以就不想学她的课，想气她。"

我知道，许多孩子像我小时候一样，因为不喜欢老师，放弃了他教的这门课；还有很多成人因为不喜欢自己的上级而放弃非常适合自己的工作。

每每听到这样的故事，心中便觉得很难过。我们的父辈也许没有机会学习和掌握把握情绪的技能，但 21 世纪是心理学和神经科学的世纪，有太多的方法可以让孩子不因为一个老师而影响或毁了自己的前程。

心碎了，还能再爱吗

被拒绝的绝望

18 岁的时候，我爱上了一个男人，也许应该叫男孩，因为那时他也是 18 岁。我们是大学同学，他和我同桌，高高的个子，挺拔的身材，戴着眼镜，一脸书卷气。我是团支部书记，他是小组长。开始我并没有太注意他，有一次下课的时候，我的书包带断了，他很快帮我修好了。当时印象非常深的是他修长的双手、灵巧的动作，瞬间，我对他有了很深的好感。

有的时候，爱情并没有书里、电影里描述的那么生动浪漫，爱情有时候就从修书包开始。

从此，我发现自己的双眸开始紧紧地盯着他。在校园、在教室，不自觉地四处环顾寻找着他的身影，一看到他，我就心跳加速，一阵紧张，一阵欢喜；看不到他的时候，落寞孤单，无法心安，就这样在期期盼盼、胆胆怯怯、朝思暮想中失魂落魄。每次真的近距离见到他时，我会紧张得话都说不出来，甚至都不知道如何走路，几乎每次都是我匆忙逃开。他坐在大树下读书的样子，他滑冰的动作……都深深地吸引着我。

终于有一天，我用尽所有的力量才鼓起勇气，约他去校园的林中走走，他爽快地答应了。北方初春的晚上，凉飕飕的，我胆战心惊地告诉他，我非常喜欢他。他沉默良久，没有回答，之后告诉我，他从未想过恋爱的问题，希望我们一直是朋友。

夜晚的月亮静静地挂在天上，照在我们身上，形成两个靠得很近的身影，而我们的心离得如此之远。我的心浸透着初春的寒意，充满无限的凄凉和哀伤——我被拒绝了。

已记不清当时是怎样分手道别的，又怎样在踉跄中回到宿舍，只记得那一夜，我泪浸枕巾到天明。后来才知道，那仅仅是无数个泪浸枕巾、不眠之夜的开始。那颗刚刚青春萌动的少女之心，就像春天里的嫩芽，被寒霜冻过一样萎蔫了。当时我想，他没有爱上我，我以后也没办法再爱上别人，因为觉得自己永远不会再碰到爱的人了；如果没有他的爱，就没有了幸福的可能，从此自己也没有什么价值了。

从此以后，我心门紧闭，不对任何人开放。我心底一直期待着，哪一天他会碰到意外——腿断了、受伤了，这样我就有机会守候在他身边照顾他，陪伴在他身边，他就能感受到我有多么爱他。

我痴痴地等了五年，他每天活蹦乱跳，潇洒自如，什么意外都没有发生，也没有受伤。

遇到谁、嫁了谁都只是开始

大学时这场刻骨铭心的单相思，让我爱得失魂落魄、心力交瘁、死去活来……当时，幸亏有闺密们在身边，才没有夭折了自己的生命。

而现实生活中，每天有多少年轻人，因为爱情的挫折踏上了黄泉路！

据中国青少年研究中心报道，导致我国 15 ～ 35 岁人群死亡的第一原因，不是癌症，不是各种传染病，是自杀。每年有超过 28 万人死于自杀，200 多万人自杀未遂，我们国家的自杀比率在全世界榜上有名。

在此，我并不想耸人听闻，只是感到，活在不完美的现实中，我们总是对自己低迷的情绪讳莫如深，躲躲闪闪，不敢直面，多少生命因无知而流逝。

事实上，有太多的方法可以让我们从沮丧的生活中重见希望，而低迷的情绪就像快乐的情绪一样，会出现也会消失，只是我们不知道如何应对和化解。

其实，再强烈的情绪 48 小时以后，也会改变它的强度。

回头望去，如果我掌握了现在的知识和方法，就不会让自己在长达五年情绪低迷的日子里自艾自怜，错过了多少可以体验的快乐和温暖。

很多人用一生来等待梦中的白马王子，等待偶然间在某个时间或场合有一场心有灵犀的邂逅，等到过了年龄，空余孤独；还有的进入婚姻中继续等待，使婚姻生活充满了不安、不满，争吵不断，不知何处、何时是归途。

而在全世界 70 亿人中，不管出于什么原因，你和这个人相遇，是多么令人惊奇的事情，最重要的是好好和他相处，而不是左顾右盼。可太多的人偏偏在指责、挑剔、后悔中，毁了彼此的情缘、姻缘；多少痛苦难眠、以泪洗面的夜晚，不过是陷入了自己编织的悲伤故事而已。

现实远没有我们想象的那么灿烂辉煌，也没有那么悲催凄凉，遇到谁、嫁了谁都只是开始，生活的主体内容终究是在衣食住行、吃喝拉撒、工作学习中完成。

过得幸福与不幸福，主要是在各种情绪涌动时，你是否还能够很快让自己平复，能够平静地继续衣食住行、吃喝拉撒、工作学习。

情绪决定我们幸福的程度，情绪也决定着人的健康程度，多少人因消极情绪不能化解而罹患疾病。可从小学到大学，甚至博士毕业，我们学习过情绪管理吗？

有时拒绝你，是因为爱

大学毕业 35 年，同学们积极组织同学会，约我参加，我却没有丝毫兴趣。一部分原因是以前参加过部分同学聚会，怀着很大的好奇，想看看这些年同学们都发生了什么变化。千里迢迢赶回去，大家除了吃吃喝喝，就是聊聊谁谁怎么样了，当时谁看上谁了，要么就说孩子怎么样了……

总体感觉就是：吃点不想吃的饭，说点没意思的事，急急忙忙赶过去，再空空荡荡赶回来。没太大意思，只有奔波的疲惫，觉得很无聊，以后就很少参加了。几个同学，轮番给我打电话让我参加聚会，我都一一拒绝了。倒不是想拽，摆架子，是真的觉得无聊。人真的活不了几年，不想委曲求全——其实委曲也求不了全，只想听从内心的感受去生活。还有一点，就是不想面对见到他的尴尬。

有一天晚上，接到了他的电话。虽然几十年过去了，但我还是第一时间听出了他的声音，比起年轻的时候，更加浑厚有力，温和沉稳。说实在的，听到他的声音，内心还是有被电到的触动。

他说："你来参加同学会好不好？"

我说："不好。"

他说："为什么不好？"

我说："你告诉我有什么好，如果能列举出三个让我信服的理由，我就去。"

他说："第一，都毕业这么多年了，也该见见同学们了。"我说："我经常想念的同学，一直保持着联系，不需要在同学会上见。"他不为所动地接着说："那第二个理由是，咱们母校已发生天翻地覆的变化，这座城市和我们当年读书的时候也大不一样了，你可以来看看啊。"我说："前两年我去给一个公司做培训时去过，只是没有告诉你和同学们。"他又接着说："第三个理由是，你可以来看我。"听到这句话，心中有一种涌动，一种带着愤怒味道的激动，我说："你最不靠谱了。"

电话的那一端是良久的沉默，然后他缓缓地说道："很多事情和你想的不一样。我前几天还和我爱人说，你是我的初恋。"我听到这句话，异常震惊，无法相信，甚至有些眩晕，听到了35年前我日思夜想的一句话。可是35年了，不觉得说错了话？说错了时候？说错了地方？在一切早已过去，一切早已尘封，一切都不可能改变的今天，告诉我，有意义吗？心中迅速地闪过这些念头，然后我问："你爱人说了什么？"

"她问，这次你的初恋来参加同学会吗？"他接着说，"我一直很坦荡，对她没有任何隐瞒，她也很理解。"

我又问："你不觉得说我是你的初恋很可笑吗？我们从没亲吻过，没拥抱过，没说过情话，甚至都没拉过手。"

他说："你一直在我心中，事实和你想象的也不一样。很多事情受当时环境和各种原因的限制，很无奈也说不清楚。今天之所以告诉你，是因为，我们都已年过半百，人生已成定局；生命短暂，不想留下太多的遗憾，如果现在不说，估计就要带到坟墓中去了，所以想让你知道事情的真相。"

我静静地听着，心底涌动着泪水，是感慨，还是得到了35年前那份青涩、无望之爱的最终回馈？我不知道对这突然降临的表白该说些什么！那天的夜晚，好像是为这迟到的表白准备的一样，满天的星星在闪烁，一轮圆月悬挂在天空，就像当年我向他表白的那个夜晚一样，人生真是循环往复的历程。

我对他说："此时此刻的天空，明月高挂，星光闪闪，云层朦胧，很美。你在哪里，能看到天空，能看到星星和月亮吗？"他答道："我看到满目的天空都是你的脸。"听了他的话，我竟然像少女一样感到羞涩，半晌说不出话来，然后从心底冒出来一句话："你好好照顾自己。"他回应道："你也好好的。"声音中有深情的关切，然后挂了电话。

那晚的月亮非常圆，也非常明亮，仿佛为这一场悲切了35年的情感画上了完美的句号。

爱与不爱，都要把自己"混好"

如果你问我，这一生没能和初恋在一起有遗憾吗？我会说：没有。

回顾自己的情感之路，一切的发生都有上天的美意。只是那个时候，上苍在我不知道谁适合做我的伴侣的时候，帮我做了选择。

我和我的爱人相知相许，共同生活30多年。其间历尽各种坎坷，但回头望去，我发自内心地感谢上天，让这个人在合适的时候出现在我身边，让他陪伴我走过这一生。命运，在我没有能力做出决定的时候，帮我做了安排。

我相信，如果没有我爱人，没有他一路的支持和陪伴，没有他一直的包容和忍耐，我不会有今天的生命状态。其实，当时我单恋的对象，也是个非常优秀、很有品质、很有成就的人。但是现在想起来，如果我真的和他走到一起，两个在事业上倾注如此多心血的人，是否还有时间关照彼此、恩爱缠绵？

五年寻死觅活的爱恋，让我深切地知道了什么是痴迷的爱恋，什么是失恋，什么是伤心欲绝，什么是心力交瘁，什么是失眠，什么是生不如死。也让我深切地知道，友情温暖的陪伴是支撑我走过低迷的唯一力量。这些刻骨铭心的体验，成了我今天帮助许许多多在情感中受伤的情侣、夫妻的资源和财富。

如果你再问我，真的没有遗憾吗？我的回答是：真的还是有些遗憾。

我的遗憾不在于我对初恋的爱，没有得到他及时的回应；而在于当他拒绝了我，我就沉湎于痛苦之中，久久不能自拔，放弃了自己，放弃了对外界的一切兴趣，也拒绝了所有想爱我的人，以为今生今世不再有爱，还险些丢了性命。

多少人为情而生，为情而伤，为情而死，只因以为今生今世只有这一个人可爱。而事实并非如此。如果时光倒流，我一定不会在痛苦中折磨消耗自己五年，我会转身开始新的探索，去遇见彼此相爱的人，去体验爱，不会用他有没有接受我的爱来定义自己的价值，判定自己够不够好。但，谁的青春不曾迷茫？

在这个世界上，不论你多么爱一个人，如果他不爱你，他不能爱你，他爱你但已有妻室，你无法拥有，都赶快转身离开，去发现和探索能够拥有的爱，千万不要一直守候，等待别人改变主意。人海茫茫，值得你爱的和爱你的人，绝不止一个。其实，爱上谁也只是开始。

有时你喜欢的人，并不适合你

人有个毛病，得不到的，总以为是最好的。事实是，最完美的爱人永远在远方，而一旦拥有，他的不完美就会马上显形。

情感的世界，如同花的世界，万紫千红。有暗恋，有失恋，有痴迷；有一见钟情，有日久生情；有两情相悦，有一厢情愿；有绝望的爱而欲罢不能，有失之交臂而隔海相望；有迟到的表白，有相见恨晚。不正是因为这形形色色、各种各样的爱恨情怨，使我们拥有了多姿多彩、五味俱全的情感世界吗？

是我们认定了两情相悦、白头偕老是唯一完美的爱情，其他形式的爱都很悲催，这使我们在经历其他情感体验时会反抗、排斥，而痛苦就是反抗、排斥的结果。

如果把所有情感的体验，都当作是进入情感世界的一场旅行，不评判、不排斥、不逃离，只是静静地体验每一种经历的感受，我们的内心会是怎样的风景？

不是所有的拒绝都是因为没有爱，不是所有的远离都是因为你不够好。有时候，拒绝和远离正是因为爱得深切；有时候，他人的拒绝和远离是上苍对你的眷顾，让你能够碰到真正适合自己的人。

很多时候，你所喜欢的，并不适合你；你强烈喜欢的，一般都潜藏着日后的波澜。

30多年情感世界的风风雨雨，带给我的感受是：不管我愿不愿意，喜不喜欢，回头望去，似乎一直有上天的厚爱。所有进入我生活的人和所有离开的人，都承载着丰厚我生命的使命。该来的终归会来，该走的也必然会走，而我的生命因此不断丰实。

当我把初恋对我说的话告诉爱人时，他对我说，一个人要是"混好了"，连没有的初恋都会有了。我听后哈哈大笑。细想一下，虽不认为爱人的评论正确，但他说的"混好了"这三个字，我举双手赞同。是的，无论怎样都要把自己"混好了"。

我相信，不管初恋有没有表达对我曾经的喜欢和爱，他生命的轨迹依然照旧，不会因为我而改变。我的生活，也不会因为他的告白而改变。

在情感世界，有的爱，永远只会发芽，不会开花和结果，就像万物一样，不是每颗种子都能完成生命的周期。但生活不管经历了什么，都不要耿耿于怀、止步不前，生命中没有任何事、任何人值得让自己放弃生活、放弃生命，一切都是生命的体验。让所有的体验都成为生命的色彩，让自己过得精彩，才是生命永恒的旋律。

求学之苦，
是因为命运欲将你带到更美的远方

不是忙于赚钱，而是让自己变得值钱

不如意事常八九，可与语人者无二三。我们常常会觉得，生活中有许多不顺心的事情，自己总是各种倒霉，好事都在别人家，好像上天待自己就是特别不公平。

老话说："塞翁失马，焉知非福。"回望过去那些艰难坎坷，真的会发现，其实所有的不幸中，都有上天的美意。

大学毕业后，我像许许多多人一样，听从父母的安排，做了令人向往的眼科医生；又听信了跟着名师才能成名人的说法，努力拼搏，成了业界一流眼科专家的弟子，令同辈们羡慕，父母骄傲。

为了成名成家，成为"成功人士"，我夜以继日地努力着，名誉和周围的赞美声也越来越多。我是朋友引以为傲的朋友，是老师眼中的好学生，是父母心中的好女儿，是公婆心中的好媳妇，是周围许多父母教育自己孩子的榜样，是老板心中的好员工。

在周围许多人都认为我应该非常幸福的时候，我却觉得身心越来越疲惫，压力越来越大，内心越来越茫然、烦躁、孤独，不知人生究竟该向何处去。

现在回想起来，那些不堪重负的压力正是上天在用她独特的方式告诉你：你已偏离幸福的轨道。

确实，使我们感到压力的不是压力本身，而是所做之事违背了自己真实的愿望和真正的需求。太多的人忙于赚钱，而我们真正需要投入的是让自己变得越来越值钱。

在医学领域耕耘二十几年后，在周围所有人都认为我就要登上医学生涯高峰，应该享受耕耘的收获时，我却不顾父母及其他人的一致反对，排除万难，放弃了可能的一切前景，选择从零出发。在38岁时，遵从内心的渴望，进入学校成了一文不名的学生。因为没有多少积蓄，就贷了一大笔款开始了追梦的旅程。

我常想，如果一个人能够把想做的事、擅长的事和正在做的事变成一件事，该是多么幸福。我终于实现了！

烦恼，是为了让自己知道究竟想要什么

我到复旦（当时的上海医科大学）读博士不久，就想着有机会要去美国留学做博士后。我几乎用了三年的时间，来为这件事情做准备，整个过程非常辛苦。当年，计算机还没有现在这么普及，查资料只能去专门的计算机室——有人专门看守管理，进门还得换上白大褂和拖鞋——关键是，还不是什么人想进就能进得去，普通学生进去一次都很困难。

我费了很大的劲儿，不知道磨了多少嘴皮子，好不容易搞定了管理人员，利用节假日，待在计算机室里玩命地查资料、写邮

件。1993年的新年，窗外爆竹争鸣，烟花璀璨，同学们都在聚会开Party。我一个人背着几袋面包、拎着两壶开水，把自己关在计算机房里，一待就是三天，给美国几乎所有和我专业沾边的学校写申请信。我都数不清自己到底写了多少信，写得自己都想吐了。然而，发出去的信都石沉大海。没有别的办法，我只能不停地接着写。

好不容易，终于有一个实验室回信了，说还有可以申请的名额，但需要有推荐信，才能最后定下来。收到信的时候，我高兴极了，觉得心里放下了一块大石头。在我们上学的年代，也就是90年代初，读博士的人非常少，全国所有行业加起来，一年才能毕业5000多个博士。如果已经分配到单位就业，再想走，单位一般都不会放人。我们7月份毕业离校，很多同学9月份就开始工作了，所以在毕业分配前落实好出国的事宜，对我而言非常重要。只要搞定了名额，推荐信一般只是走个程序，基本上就没什么大问题。按照我的计划，秋天拿到博士学位就直接出国，所以，我连工作都没有找，一心准备着留学的事。

可到了7月底，美国的学校突然来信说，不能接收我了。我很诧异，让我在美国的朋友问询原因，她告诉我帮我写推荐信的三位老师中，有一位老师对我毕业就想出国很不满，信里面没说好话。这突如其来的变故，简直像是晴天霹雳，将我的出国计划瞬间化为乌有！

快毕业了，还没有工作单位；继续联系出国，也不知能否成功。我的专业是眼科，跟基础医学的学生相比，属于特别窄的行业，被录取的难度更大，所以出国梦的实现很可能遥遥无期。究竟应该放弃出国的打算，找一份稳定的工作，还是坚持自己的梦想，我陷入了两难。

这种境况让我很郁闷，也很难过。不过，我的个性一直很倔强，没有竭尽全力是不会罢休的。于是，我把心一横，决定还是继续联系出国，大不了少拿一年工资，大不了比别人晚升职，也没啥了不起！

终于，在昼夜奋战三个月之后，我收到了德州医学中心贝勒医学院眼科研究中心的邀请。这个实验室，在全世界都非常有名。我申请的导师，还是国际眼科协会的副主席。令人惊喜的是，薪酬比之前拒绝我的学校还高了一倍！在万元户都非常稀缺的年代，按1:8美元对人民币汇率计算，我一下子就变成十万元以上大户了，当了那么多年的穷学生，自然非常欣喜。

回头想想，一切真的都是最好的安排，其中有许多上天的眷顾。或许，在一开始我们并没有意识到，但经历之后便会明白，烦恼会让你知道自己究竟想要什么，痛苦是因为命运想将你带到更好的地方。

不能把控变化，但可以学习应对变化

管理好情绪，让我能从容应对生命中的一切变化

但就在我人生第一次以无比轻松的心情，徜徉在校园、教室和书海之中，感到真的幸运又幸福还不到一年，爱人随着 2000 年 IT 行业的大滑坡，硅谷变成"鬼谷"而失业了，我们全家当时唯一的经济来源断了。

有句话说，梦想很丰满，现实很骨感。那次失业不是短暂的失业，因为整个行业的沦陷，何时能找到工作，以后能不能找到工作，都无法预料。当时，孩子幼小，花费很大，而美国的健康医疗环境是：当你有工作时，单位承担了医疗保险的主体费用；没有工作时，要自己承担全部费用。我从来不懂其中的逻辑，只是深深地感到雪上加霜。

经常有人说美国的社会保障如何如何好，什么都管。我非常纳闷好奇，我在美国工作生活十几年，我怎么不知道？人总是幻化他人的美好，都觉得自己活得不容易。就这样，背负着债务和高昂的学费，我家维持每天的基本生活都成了问题。

于是，在读书期间，我开始打工以贴补家用。我没有选择，

得为五斗米折腰维持生计。而女儿在读小学前，几乎没有穿过新衣服，绝大多数衣服都是我在二手店，或别墅区周末人家卖不需要的衣物时买的；有时运气好，可以只花 25 美分或 50 美分（折合人民币 2 元和 4 元）买一件甚至一套衣服。

爱人失业近两年的日子里，我的梦想和家庭经济的拮据交错着，我们不得不向朋友和亲戚借了更多的钱。

让我感到惊喜和安慰的是，我所学的情绪应对的方法，使我面对这一切时，有了不同以往的心境：没有强烈的恐惧，没有焦躁不安，反而有一种相对的淡定。是的，在生命中，计划永远赶不上变化，永远不变的就是变化。我们不能把控变化，但是可以学习应对变化，方法真的很多，只是我以前不知道而已（具体方法会在后面的章节里与大家一一分享）。

人很多时候都是自己吓自己，越躲越怕

毕业后，终于进入了自己喜欢并擅长的领域，一切也都在蓬勃发展之中，家庭、事业和孩子都很好。而我却发现自己常常力不从心，经常心慌气短，有时有窒息的感觉，不得不到医院去检查。检查结果是心脏出了问题，频发室性早搏、高血压、动脉硬化、高血脂。

我知道身边很多人患心血管方面的疾病，也知道这类病是成年人的第一杀手，但听说别人有病，和知道自己有病的感觉有着本质的区别。虽然多年前的一次车祸中，我有过九死一生的经历，但人是健忘的，因为当时是突发事故，随着岁月的流逝，我也就慢慢地淡忘了。

而这次的感受不同，我感到死亡第一次真实地靠近了自己，特别是当胸闷、有窒息感时，我有种深深的恐惧，因为心脏病是最容易导致突然离世的疾病——也许哪一天，自己会在睡梦中不再醒来；也许哪天会突然发病，来不及抢救就从这个世界消失了。我有太多未尽的情，未了的意，未完成的事业；我未成年的女儿怎么办？

在这样的恐惧中，生命一下子变得非常短暂。生平第一次考虑生死的问题，我在想，如果只能活一年，我究竟想怎样活？曾经听人说过，应该把每天都当作最后一天来过，如此才不枉度一生。在觉得自己有大把大把日子的时候，我却很少认真地想每天的日子究竟该怎样过；每日忙忙碌碌，没有悉心的安排和具体的计划。

生病前，我像许许多多人一样，对死亡的话题讳莫如深，能回避就回避。现在，我不得不直面死亡的思考：如果不久于人世，我对自己走过的路满意吗？我究竟怕什么？我会用剩余的生命做些什么？我要对女儿、爱人、父母、团队做什么安排？想葬在何处？离开这个世界，我会去哪里？

事实上，当我真的静下心来、花时间去思考，回答了每个问题后，对死亡的恐惧就大大减轻了。因为，人之所以害怕焦虑，是感到对未来发生的事情，不能预测，不能把控，而确定感会使人焦虑降低，哪怕结果不符合自己的愿望和预期。

最后，想好了万一出现意外具体的应对方法和安排，我心中的恐惧和焦虑就少了很多。正因为意外不可控，所以我更需要专注于今天和当下的一切。

其实，人很多时候都是自己吓自己，越躲越怕。记得看过一段视频，里面有个小姑娘突然间看到了自己的身影，以为有人跟踪，便左躲右躲以致吓得飞奔；但影子紧紧跟随，最后，她把自己吓得昏倒在地。

许多时候，我们面对恐惧时就像这个孩子。只有我们真的停下来面对时才会发现，面对和行动是治愈恐惧最有效的方法。我们所躲避的，其实是一条通向心灵自由的门，而面对是最直接的途径。

生命中没有绝对的好事或坏事

当我闭上眼回忆过去，发现自己还有很多很多这样的经历。有时候一些不好的事情发生了，我感到非常难过，甚至愤怒到寻死觅活，曾责问上天：为何对我如此不公平？为何让我经历这么多磨难，忍受这么多痛苦？然而时过境迁之后，我往往觉得，整件事都是上天的厚待和眷顾，在我没有足够的力量和智慧去分辨判断时，帮我做了一个选择。

慢慢地，我也领悟到，生命中没有绝对的好事或坏事。在时间的长河中，一切都在改变，好事可以变成坏事，坏事也可以变成好事。那些被我们当作坏事的，不过是违逆了我们当时的愿望和期待而已。而满足我们当时的愿望和期待也不一定是一件好事，就像一个要糖吃的孩子，一味地满足即是伤害。

人在欢快和娱乐中很难成长，也很难拥有经验。我们所有的能力和智慧，其实都源于痛苦。也就是说，坎坷和磨难，是智慧和力量的源泉。

在岁月的磨炼中，我慢慢地形成了一个新的思考习惯：如果碰到一件不如意的事，首先会想，它的好处是什么？它给我带来的意义是什么？它需要我在什么方面去提高？当我以这样一种理性的态度，去面对生活中的不顺利时，我难过的时间会缩短，伤心的强度会减弱，也越来越容易从逆境中找到出口，越来越拥有复原的力量，而不会像以往一样深深地陷入失望，长久地驻留在悲伤之中，相反，我开始对困难带给我的成长充满好奇。

　　如果你也能从心底明白这一点，世上也就无所谓好事坏事了。虽然你仍会在期待和愿望落空时失望，会在遭遇不顺和攻击时伤心，会在背叛和失误面前愤怒和自责，但不同的是，你不会在那种情绪里久久停留，因为你知道，虽然此刻感受不到释放，仍相信一切会有最好的安排。

如何笑迎生离死别

人生终将别离，何不未雨绸缪

一年前，公公被诊断患了腹膜后肿瘤，全家人就开始了如何选择治疗方案的讨论，公公自己的治疗意愿也非常强烈。既然治疗就要选最好的医院、最好的医生，于是我们把公公带到了北京。

在和国内最好的医院、最好的医生讨论公公的治疗方案时，知道他的肿瘤已经侵及肝、肾，还有腰部的肌肉，如果手术就意味着要切除一侧肾、部分肝脏，还有部分腰部肌肉，不仅如此，还意味着手术后会瘫痪，不能行走，非常痛苦；因为年近九十，也许还意味着手术中意外身亡。

我和婆婆、爱人及他的姐妹一起讨论了方案，决定保守治疗。医生说，这种肿瘤对什么治疗都不敏感。其实也就是说，做什么治疗都对病情没什么太大帮助。但无论是公公本人，还是婆婆和他们的儿女，都无法接受不做任何治疗。不做治疗对患者来说就等于等死；对亲人和家属来说，等于不仁不义，不爱不在乎。治疗，不管有效还是有害，好像是必然和必需的过程和步骤。

我作为儿媳妇，能够做的是听从他们的决定，并尽自己所能。虽然我的内心非常清晰地知道，我绝对不愿意把生命的最后时光花在医院和治疗上。如果我得了不治之症，我会选择在喜欢的环境，和喜欢的人做喜欢的事中离开这个世界；如果做不了事情，也希望在自己家里，在爱我的人身边离开。可生病的不是我，也许我真的得了病，也会像别人一样，把全部求生的希望寄托在医院和医生身上，并积极配合各种治疗。

公公先后做过多种治疗，在最好的医院治疗效果不明显后，婆婆就开始寻求各种治疗的偏方，几乎不管是谁，只要对方说有效，就愿意尝试。我以前不理解，为什么许多有知识、有文化甚至自己也是医生的人，在患病之后会听信小道消息，会相信偏方，会被各种江湖骗子愚弄、欺骗？为此，很多父母和儿女反目成仇。

记得我的一位医生朋友的父亲，患了高血压引发的动脉硬化，经常被各种民间药贩子"关照"，说什么药可以迅速软化硬化了的血管，什么药可以让他延年益寿。她的父亲每次都会买很多，家里有各种各样的软化血管的保健药品，均来自来路不明的药厂。她为此非常愤怒，因为她知道这些药物并没有所保证的疗效，还可能伤及身体。可她的父亲不信她，却相信推销员，依然背着她继续购买。

对死亡的恐惧，真的使人容易丧失理性的判断。

千万别让亲人最后的日子活得更苦

现在我终于明白，绝大多数人在知道生命即将走到尽头时，所有的理智、理性和判断，都要为求生的欲望让位——万一呢，万一这个药、这个方法真的有效呢？

"死马当活马医"是我们文化中信奉的一种理念，预示着我们会竭尽全力，预示着不会留下没有足够努力的遗憾。但你是否想过，也许你所做的一切不仅加速了死亡进程，更重要的是你的努力其实只是使病人活着的日子变得更加痛苦？

很多人，从得知生病之日起，生命每天的日子就变成了住院、手术、吊针、吃药；严重时，插各种管，直到离开这个世界。

公公的病情在各种治疗后，并没有好转，反而每况愈下。从发现生病到最后离开的一年中，他基本上是在医院度过的。随着肿瘤的增长，腹部被侵占，胃肠被堵，进食困难，开始呕吐，就插了胃管引流，靠输液维持。

医护人员怕他在无意中把胃管拔掉，就给他戴了防护手套。所有这一切都没有征得他本人的同意，所有的决定都是医生和家属做的。因为，这个阶段的他经常昏睡，不确定他说的是胡话还是真话。

但公公在插了胃管，被戴上保护手套后，他悄悄地在被窝里，用脚踩住手套，想把手套脱下来。被发现后，婆婆和大姑子责怪了他，他笑了笑，趁她们不注意，又试图用牙齿解开绑着他的手套。还有，他在大家都睡着的时候，把胃管拔了，遭到医生、护士和家人的训斥。之后，又在半夜悄悄拔胃管，小姑子看到阻止他，他还说，你眼睛怎么那么尖，后来趁人不注意时，他还是拔掉了胃管。为此，看护的阿姨被护士骂哭了，婆婆也非常不高兴。婆婆说，你公公非常聪明，他会想尽办法，他的办法很多。

是的，公公是个很善于动手、动脑的人，他会做家具，还经常能想出巧妙的办法修理各种需要修理的东西。而我听到婆婆、大小姑子和照顾公公的阿姨的描述时，心中有很深的悲哀。

我们如此听从医生的安排，是为了使他的生命得以延续。可我们是否知道，病人真的愿意以这种方式延续他的生命吗？我没有机会和公公交流他的感受，我只能想象，在讲话都非常困难，时而昏睡、时而清醒的情况下，他不屈不挠一次又一次地想方设法摘掉手套，拔掉胃管，用他的行动强烈而清晰地表达着一个意愿：他不想戴手套，不想被插管。而他的意愿和呼唤，没有被听到，也没有被他爱的也非常爱他的人看到。

亲人临终前，请给予他们心里最想要的

我能清楚地看到全家人挽留公公的爱心和努力，但我内心有着深深的悲哀：我们给予的一切，真的是公公需求的，还是我们的自以为是与无知，不能面对自己内心难受和纠结的选择？

在公公成功地把所有管子拔掉后，我和婆婆及其他在场的人有了一场直接的对话。我说："现在最重要的不是延长爸爸的生命，而是让他不再遭受痛苦，尽量减少折磨。"婆婆说，都快过年了，希望爸爸不在年前离开，这样不会在年前影响亲戚朋友。我说："别的都不重要，爸爸最后的日子是否舒服才是最重要的，你们觉得呢？"婆婆想了想后，点了头。我接着说："爸爸自己拔掉胃管，是不是说明他不舒服？"他们都认同。但他们说，可是

不插胃管他会吐啊，吐也很难受。我说："一天 24 小时，如果不进食，产生的胃液，根据医学常识是大约 500 毫升，怎么吐也不会吐 24 小时的，最多几个小时。相比之下，他会有近 20 个小时舒服的时间。"家人们听了觉得有道理，决定暂时不插胃管。我看到公公呻吟的声音和频率明显降低了。

公公几乎每天近 20 小时都在静脉输液，我也曾输过液，作为一个正常人，输液几小时都很不舒服，很难想象对一个生病的人会是怎样的煎熬。医生说公公的心肾功能都已衰竭，我提议把输液量降到最低水平，减少公公的痛苦。

到了医生办公室，医生说如果减少输液量会加速死亡的进程，婆婆一听马上改了主意。我非常理解她的感受——面对和自己相伴 60 多年的伴侣即将离世，如何在生命的长度和减少痛苦之间做出选择的艰难。我尊重婆婆的意见，毕竟她才是最受影响的人。

可我在内心同时也想到，临终关怀是一个多么错综复杂、情爱纠结的过程，有没有一种方法使我们离开的过程不给家人增添困扰和痛苦，也使自己最后的生命里程走得安然和舒服一些？我相信一定有方法。

最终，医生在我和婆婆的意见之间做了折中，减了 300 多毫升液体，这意味着公公可以每天轻松三个多小时。

回到病房，听到公公说："我要死了。"家人对他说："不要乱讲，你会好起来的。"我走到公公床边说："爸爸你的状况很不好，我们都在你身边，你还有什么愿望和事情需要让我们知道，让我们做的？"他回答道："我想回家。"我问："回哪个家？"他说：

"义乌前洪。"婆婆说："回去干什么，家里已经没有什么人了。"我接连问了几次，他的回答都很肯定。

接着我又问："还有什么需要我们做的？"他说："我想去看墓地。"我问谁的墓地，他说："未来自己的墓地。"这是公公临终前三天说得最清楚的几句话。

人生中的意外和计划，永远不知道哪个先到

2016年1月22日，天气预报说将会有30多年不遇的大雪和严寒，整个杭州市严阵以待。我对家人讲："我们带爸爸去实现他最后的愿望，不管下不下雪。"婆婆和其他人坚定地拒绝在雪天出行，怕路上发生意外。我毕竟是儿媳妇，不能一意孤行。说实话，如果我可以决定，我会不顾一切带他回老家，哪怕他路途中出现意外。最后，我告诉公公："我们25号天气变好后带你回家。"

25日清晨8点53分，公公离开了我们。25日的杭州，阳光灿烂，也许预示着公公在霞光万道中进了天堂。而我心中总有一点遗憾——没有能够成全他最后的愿望。

我知道公公一生的为人，乐于帮助每一个途经他生命的人。他很少言辞，但说的时候总是充满智慧和对人的赞扬、关怀。做他儿媳妇30多年，听到的都是他的夸奖；来到我们家里，总是屋里屋外地忙碌着，他似乎总能找到可以干的活，可以修的东西，或者可以变漂亮、变得更加整洁的地方。安静的时候，他会读书、写毛笔字。他的字写得很好，经常得奖。他非常喜欢钓鱼，一钓钓一天，不知疲倦，钓回来的鱼送给周围的邻居朋友，

乐此不疲。他从不对别人有任何要求，对人有一种深切的理解和包容；好像什么环境都能很快适应、乐在其中。

我很确信：无论我们怎么做，做得是否到位，他都能理解和接纳，他的回应都会是充满安然、宁静、慈祥的笑容。我常常想，等我老了就做这样一个人，无论到哪儿，都能发现身边的好，很快能调整自己乐在其中；与任何人相处，说话就说赞美的话，没事就找活干，没活干就自己看书、写字，绝不要求、打扰别人。

在医生宣布公公呼吸、心跳都已停止后，我爱人想和父亲多待一会儿，所以没有马上给殡仪馆打电话。我也不想把他放到医院的太平间，那里太冷、太孤独。

当时，公公的护工帮他换上了他生前非常喜欢的衣服，戴了他喜欢的领带。一家人在病床边守候着他老人家。我爱人和公公做了最后的对话，也鼓励小姑子和婆婆，在还能看到公公的时候，把想说的话告诉他。我祈祷上帝带公公回到天堂。

殡仪馆的车来了，说随车只能去两个人，真的到了最后分别的时刻，大家情绪都非常激动，一片混乱。我说："我和我爱人随车。"此时婆婆失声痛哭，拉着车不让走，众人把她拉住。我上了车发现有三个座位，就喊着让婆婆上了车。我们三人护送着公公，车开往殡仪馆，路上，婆婆放声大哭。

我什么都没说，婆婆需要这样一个空间和时间，没人劝说，没人打断，没人阻止，释放自己内心的悲哀和难过，把之前没来得及和爱人说的话都说了，把各种拥堵在心的、没有出口的各种情绪都释放了。

太多的时候，因为我们无法面对自己的悲伤和难过，所以会急切地想打断、劝阻他人的悲伤。也有更多的人认为哭和眼泪对人有害，其实，哭和眼泪是化解悲伤的最好良药，流泪会冲洗内心的伤痛，哭诉会让未尽的情、未尽的意、未尽的心思有一个传递通道，而不是堵在心中抑郁成疾。

婆婆从号啕大哭慢慢地变成抽泣，最后变成低缓的歌声和倾诉，那是只有她和公公能够听懂的家乡话。30分钟后，殡仪馆到了，婆婆已经明显地平静了。

是欲哭不能、欲诉不能的阻挡，徒增了我们的悲哀。这种允许和留白，让悲伤有了去处和通道。

从车上下来，推着公公进入安放遗体的地方，工作人员问要不要打面部填充剂和化妆，这样在追悼会上遗容会好看些，我们回答需要。他接着就准备把公公推走了。我问他可否给我们最后几分钟道别的时间，他非常理解地答应了。

婆婆对着公公说话，此时的她已经平静了许多。她轻轻地叫着公公的名字，对他说："你到了天堂，就可以见到你的妈妈爸爸和兄弟姐妹了，还可以见到你的很多朋友，你可以继续和他们一起聊天、钓鱼、打牌、写字。"

她似乎已从情感上开始接受公公的离开，语气中有平静和对公公在未来世界生活的描述和展望，也准备好办理下一步的手续了。

我爱人为他父亲做了最后的祈祷和祝愿。我摸着公公已经冰冷的前额，泪水模糊了我的双眼。我难以置信，这个三天前还告诉我他要回老家，有着对生命诸多期许的公公，今天变得如此冰冷、没有了呼吸。我本来承诺今天会安排带他回老家看看，没想到送他去的地方竟是黄泉。想到他在病榻上呼喊着："我很想海蓝，很想海蓝啊！"我心中有种绞痛和对不起，觉得陪他的时间太少。

我再一次深深感到，人生中的意外和计划，永远不知道哪个会先到。

公公开追悼会那天，我因为早已安排了近4000人的公益讲座而无法参加，心中非常纠结，有不孝之感。但权衡之后，我觉得帮助活着的人活得更好，一定也是公公在天之灵的愿望，于是决定公益讲座如期进行。我知道与公公这一别天上人间，不能再见，不禁悲从中来。

肉体承载着我们和他人的关系，在与不在，对心灵的震撼远远超过了自己的预期。我祈祷并相信公公会进入天堂，祝愿他在天堂能够做他喜欢做的事，见他喜欢见的人。公公的脸非常安详，看上去真的就像长眠了一样。

追悼会我没有参加。之前和爱人一起看了墓地，选了墓碑、碑文和字体。追悼会当天下午，公公在爱人、儿女、亲人和朋友的护送下，安息在山脚下，一个风景秀丽的地方。古人说入土为安，的确，我的心似乎也安定了。

健康的时候，请把一切安排好

我从未仔细思考过以怎样的方式离开这个世界，公公的离开使我第一次开始思考这个问题。如果我们能够事先安排好身后的一切，我想一定会使自己少受痛苦，也使家人在陪伴和送走我们生命的最后过程中，少些纠结和麻烦。

我们在活着的时候不想谈论死亡，然而死亡一定会到来。与其在我们失去对身体和大脑控制的时候任人摆布，使自己和亲人纠结难过，还不如在清醒和健康的时候，把一切安排好。

我想，如果我得了不治之症，我不会把生命最后的日子打发在医院里。我希望安眠在自己家中，在爱人、亲人和朋友的环绕中离去。不用各种插管，也不输液，如果身体痛苦就用镇痛剂止痛。

离开后，如果遗体对科研和其他人有帮助，就捐献器官和遗体；如果没用，就火化成灰，然后把骨灰撒在我花坛中，滋养万紫千红，继续招蜂引蝶。给我穿上红色的旗袍，和我喜欢的漂亮黑色皮鞋。脸上化上妆，头发也要梳得整齐漂亮。不要把我放在太平间，直接送到殡仪馆或者有人陪伴的地方。墓志铭：人生真正的成功是拥有内心的宁静与和谐。

真实，任何时候都是做人做事的根本

我问自己，从发现公公患了癌症到离开的这一年时间，我有没有内疚和遗憾？因为很多时候，当亲人离世时，让我们痛苦难耐的原因主要有三个：

第一，失去。

我们再也得不到逝者的保护、支持和爱了，甚至因此而产生对逝者的愤怒。

第二，后悔和内疚。

悔恨自己在逝者生前对他做了不该做的事，说了不该说的话，或者没有做自己应该做的事，没有说应该说、应该表达的感恩。

第三，遗憾。

为逝者遗憾，觉得离开得太早，一生奔波辛苦，没有享受到人间幸福，没有看到子孙后代。我想到，在公公住院期间，我没有好好陪过公公。公公离开的前一天晚上，小姑子晚上十一点多打电话来，说公公状态不好，让我爱人过去，我犹豫了一下要不要也一起过去，最终决定还是不去了。

我的考虑是:（1）她们一般都过度紧张;(2) 我如果晚上不睡觉，好几天都无法恢复;(3) 那么多人在医院，不知道我能做些什么，医生负责医疗，阿姨会照顾吃喝拉撒洗漱，家人很多时候就是坐在那儿看着，和周围的人闲聊，病房里能够坐下来的地方有限;（4）爱人到医院后发短信给我说，公公已经安静入睡。然而第二天早上病情突然急转直下，很快就没了呼吸和心跳。

我有失去的难过，因为喜欢看他慈祥的笑容，静静的自娱自乐的忙碌，这也是我希望自己晚年的状态。但是没有很多的愧疚，因为我仔细想过我能为他做什么，也做了我能够做的。我知道如果可能，婆婆和公公都会希望我多在病房里陪陪，但我知道自己的身体不能支撑熬夜陪伴，如果完全满足了他们的愿望，我自己会生病，成为他人的负担。也许有人有期待，也许有人不理解，但我知道在自己的身体健康和满足他人的期待之间，我需要做出选择，而所有的选择都有代价。

我知道从公公生病到离开，我已经尽我所能做了我能做的一切。我们在任何时候，对任何人、对自己的最高要求就是竭尽全力。别人怎么看、怎么想真的很难全部顾及。而很多人怕别人误解、怕别人有微词，违背自己的身体和心愿去附和，结果经常是费力不讨好，伤了自己影响了别人。

真实，在任何时候都应该是做人做事的基本点。总的来说，公公这一生很圆满，去过世界上很多地方，看到了四代人，所有的子孙都让他欣慰骄傲，最重要的是他说他对自己很满意。

如果说我还能做些什么让天上的公公含笑长眠，那就是把婆婆安排好，把自己的日子过好。

此时此刻，想到公公的长眠，我的心中非常宁静和安然，相信公公在天堂会一切安好。

人生最可怕的，就是活得、走得不明不白

只要面对，没有什么放不下的

曾经，一个面色非常憔悴、苍白的女工程师坐在了我的面前，告诉我半年前发生了一件事，她一直无法原谅自己。我问她发生了什么。

她告诉我她的婆婆半年前服毒自杀了，说完就泣不成声。我静静地陪在她身边，手放在她的背上，告诉她，不要压抑自己，让自己想流的泪都流出来，想说的话也都说出来。在我这里，没有不合适的情绪表达，也没有人会说错话，一切由心而发就行了。我相信只要面对，没有什么放不下的。

她开始放声痛哭，一边哭一边反复说"我对不起婆婆"。待她慢慢安静下来，我轻声地问："能不能告诉我究竟发生了什么？"她忧伤地说道："在婆婆自杀前六个月，发现胃不舒服，结果一查是癌症，而且是胃癌晚期，医生说已经没有动手术的必要了。

"婆婆只有儿子没有女儿，她对我非常好，一直把我当女儿对待。发现癌症后全家人都不相信，我们去的是当地最好的肿瘤医院，找的是最好的医生。第一次去不相信，就第二次去，第三

次去，最后医生都有点烦了，把我老公叫到一边，说如果你再不相信诊断结果的话，那我就和你说最后一句话：你给她吃好点，穿好点，过一段她想过的生活。所以那段时间婆婆想去哪儿玩，我们就带她去哪儿玩。

"生病后婆婆的脾气变得非常暴躁，但我想到她对我像女儿一样的各种关怀和照顾，所以能够谅解。在我怀孕的时候，她想方设法给我做好吃的；平时我工作忙时，帮我照料家里，对我也关怀备至；孩子出生后一直也是婆婆在带，没有怨言。婆婆是个特别爱漂亮的人，实际年龄是60多岁，但看起来像50岁左右的样子。她去世前一个月，因为化疗头发掉了很多。亲戚朋友陆续来看她，她非常敏感，说自己肯定是癌症，你们肯定是瞒着我。我说你没事的，医生不都说你治好了嘛！实际上，我们事先和医生、亲戚朋友都打好了招呼，她问的时候，都说就是胃病，很快会好的。

"婆婆慢慢话说得不多了，在去世前几天，她把她所有的积蓄，包括存折、工资本、金银首饰、存款都交给了我。我当时心里很不舒服，不接受，她非常不高兴。在她去世前一天下午，是我给她做的晚饭。做的时候，她就对我说：'跟你说实话，我不想吃饭，也不想吃菜了，什么都不想，我现在就想死了。'

"听到这个话的时候，我不知道说什么，就什么话也没说。其实我知道她的痛苦，她能吃进去，但拉不出来。一个人吃得进去，拉不出来，该多痛苦？我和家里人说，这段时间我们一定要注意，把家里的药、刀，凡是能够伤到她的东西都要收好。

"出事的那天中午，我有点感冒，刚吃过午饭，就去楼上睡

Chapter 1
谁的人生都有好像过不去的坎

觉。不一会儿，听到有人敲门，一看是婆婆，她看我的眼神好像希望我知道她准备干什么，绝望中带有期望。我有些累，但更多的是害怕，所以什么都没说，就回屋躺下了。她最后看我的眼神一直在我脑海中闪现。我不知道她什么时候出的门，午后不久有人给我打电话说，你婆婆在附近的树林里服毒自尽了。

"等我们赶到现场的时候，看到她周边一个亲人都没有，就这样孤独地离开了。我其实知道她需要陪伴，我也可以把工作安排开多陪陪她，但是我没有这样去做，觉得亏欠她很多。"

生了病的人都很孤独，而得了绝症的人孤独更深

我听到过许多类似的故事，其中有很多无奈和悲哀。生病是一场只有自己知道有多痛苦的旅程，所有的病人都很孤独，而得了癌症的人有更深的孤独。家人因为害怕病人接受不了患癌症的现实，使病情恶化，所以许多家庭都选择对病人隐瞒真实病情。而事实上，很多时候做的都是此地无银三百两的事。

记得许多患癌症的病人说，他们带我去的是肿瘤医院或者肿瘤科，吃的是抗肿瘤药，周围的病人也都是肿瘤病人；对我的态度也大不相同，突然间对我包容很多，关心很多，我知道人只有得了大病才会得到这种待遇；还有他们经常躲躲闪闪、欲言又止的行为，也告诉我他们有事瞒着我。我这么大把年纪了，电视电影、报纸杂志看得多了，周围亲朋好友、同事也会经常看到，知道人得了大病特别是癌症时周围人的反应，我猜都猜得出来自己得了什么病。还有，最重要的是身体从不撒谎，它会真切地告诉你实际情况。而家人和周围的朋友告诉你没啥事，会好起来的，

内心的孤独和悲凉无以言表。

得病很可怕，得了癌症更可怕，而在生病中更可怕的是无法知道真实的情况，在孤独中走完人生最艰难、最后的里程。

知道自己的病情是做人的最基本权利

我曾做过一个调查，如果你得了绝症，你希望医生和家人怎么做？

（1）告诉你真实情况；（2）隐瞒病情；（3）告诉你会好起来。

最后，1000多人参加了投票，结果是5%的人希望隐瞒病情。因为对疾病和死亡的过度恐惧，使有的人无法面对，所以会选择希望家人隐瞒真相。而真相往往是，不管你想不想知道，早晚都会摆在你面前，瞒也瞒不住。

15%的人选择希望别人告诉他会好起来的。因为人在脆弱的时候，都希望得到支持和鼓励，所以在病情开始的初期，这也可以是一种选择，使我们爱的人不至于丧失对生命的希望，可以积极配合。但当疾病发展到了一定程度，身体本身的变化，会以最直接的方式告诉我们，病情是向着好还是坏的方向发展。

而当我们告诉病人会好起来的时候，他会知道这是一种善意的谎言。像这位工程师的婆婆，她吃进去却拉不出来，你告诉她会好起来，她只会感到孤独、难过、悲伤甚至是愤怒，因为不被理解。

而近80%的人选择了告诉他真实情况。

至于为什么希望知道真实情况，许多人回答：

（1）知道真相后，可以好好安排剩下的时间，把宝贵的时间留给家人，和他们幸福地度过最后的时光。

（2）知道真相后，抓紧时间去做自己想做的事儿，把想说的话说了，想见的人见了，不留或少留遗憾。

（3）不想糊里糊涂地离开，把该做的事情做完，对亲人有个交代，走得安心，亲人们也会安心。

（4）不想把时间、精力和钱浪费在医药上，要用在更需要的地方。

（5）人生最可怕的就是死得不明不白。

（6）知道自己的病情是做人的最基本权利。

从上述调查结果来看，我们绝大多数的人都希望知道真实情况。

可是那么多人希望知道自己的真实病情，为什么许多病人的亲属却选择隐瞒病情，就像这位女工程师一样呢？

（1）我们害怕死亡，不敢面对，也不知道如何安抚痛苦中的人。

（2）我们害怕病人知道病情后，会加重他的病情。

那么我们满足的是谁的需求？是回避自己的恐惧，还是真的为了帮助、支持所爱的人？

知道真相，改变可以改变的，接受不能改变的

人的第一需求是安全感，而安全感的最基本要素是确定感，是知道事情的真相。然后，才可以改变可以改变的，接受不能改变的。

人最恐惧的往往不是现实本身，而是不确定——当确定了，不管事情有多糟糕，我们就可以把精力和时间用在如何解决问题上了。

确定感和具体的行动，会使人体产生积极的分子，利于身体的疗愈，而恐惧会消耗人很多能量。

人得知不好的消息时，情绪一定会低落一段时间；情绪低落对身体也会有影响，但不会永远低落。

心理学研究有个发现，不管经历了多么不好或者多么好的事情，半年之后都会回到原来的心理状态。比如，一个因车祸而瘫痪的人，不管外人看来多么悲惨，当事人一般在半年后会回到他以前的心理状态。一个中了彩票的人，也会在半年后回到他以往的生活状态。而长久的不确定会使人一直处在焦虑中，而焦虑和恐惧对人的伤害会大得多。

那我们究竟应该怎么做呢？

每个人早晚都会离开这个世界，没有任何人例外，但不是每个人都能够以寿终正寝的方式离开这个世界。所以我们不要等到自己或者所爱的人得了绝症，再安排一切。

1. 对自己

许多人害怕和家人谈身后的事情，其实从现在就可以开始思考——如果生病或发生意外了，你希望家人如何处理。

包括要不要告诉你真实情况？如果长期昏迷成为植物人，你希望家人如何做？你希望自己的身体怎么处理，做不做器官捐赠？骨灰安放在什么地方？还有你对每个人的安排和期待是什么？你的遗物、遗产怎么安排？举不举行葬礼，以什么形式，希望谁来参加？

2. 对他人

大多数人都特别害怕死亡，也害怕死亡的告别，面对即将离

—————— *Chapter 1*
谁的人生都有好像过不去的坎

世的亲人，不知如何说这件事，怕他接受不了这个事实，所以经常躲躲闪闪，回避和不敢面对。让我们所爱的人在极度的恐惧和孤独中离开这个世界，对彼此都非常悲哀。

疾病已是事实，比疾病更可怕的，是在身体痛苦的基础上雪上加霜。孤独地面对现实的痛苦和未来的种种不确定，是更大的痛苦和悲伤。

其实人最怕的就是孤独，孤独中最怕的是没有被理解、被接纳，没有心的连接，孤独地离开这个世界。我们的害怕、担心、回避、不敢面对，其实源于我们自己。只有我们自己能够真实地面对病痛和死亡，我们才能真正地帮助我们所爱的人。

患重病和年迈的人，都会考虑死亡的问题。他们中有的不敢面对，有的怕亲人伤感、难过，不敢提及、讨论这个话题，就像一条被堵的河流。也因为如此，常常心存不安，使得彼此都小心翼翼，但回避往往使人更加恐惧，使问题变得更加复杂，而应对恐惧最有效的方法就是面对。

面对的方法之一，就是把你想跟他说的话都告诉他。很多人在父母或者亲友离开以后，觉得非常愧疚，因为他们永远没有机会再听到你对他的爱和感谢，你对他的道歉。留下太多未尽的情，未了的愿，未告白的爱，未言的悔恨。逝者永息，生者难眠。

干吗要等到在葬礼上、在墓碑前悔恨和倾诉呢？你可以在他临终前就告诉他所有的话，让他在温暖的怀抱和支持中离开，不是孤独而凄凉地带着很多遗憾离开这个世界！

每一个生命即便在最后的时光，也应享受充分的尊严和爱。

如何离开这个世界，比如何来到这个世界更重要

我的父母年事已高，他们身体虽然都还可以，但毕竟，我希望父母尽可能不留遗憾地离开这个世界。所以，早在几年前，我就多次问父母，你们这一生有没有想做但一直没有机会做的事，有没有希望完成的心愿？我非常愿意尽我所能，帮助你们完成。

父母说："你那么忙，不打搅你，你把自己照顾好就行了。"我说："你们是我的父母，是这个世界上对我最重要的人，你们的事就是我的事，不用担心打扰我。"于是父亲对我说，他非常想去看看他出生和长大的地方——河北的某个农村，他已经60多年没有回去了。他还想回他的母校北京大学看看，他从北大毕业已50余年了。

我告诉父亲，一定帮他实现这两个愿望，说完，父亲的脸上露出愉悦的笑容。

父亲提出要求的当年，我就专门安排了10天的时间，陪他回了趟老家。他童年的伙伴大多数已离世，村子完全变了模样——他曾经玩泥巴的地方，和小伙伴一起游泳、抓鱼的地方，他爬过的枣树、他爷爷的房子都变了。

父亲在他爷爷的房前停留了好一会儿，告诉我他是爷爷的长孙，深得爷爷宠爱，有什么好吃的他一定是第一份。说着，父亲的神情中透露出孩提般的满足，我的眼前也呈现出父亲儿时的模样。听他说着家乡话，回顾着儿时发生的一切，我感到和父亲有了更深的连接。

父亲感慨地说，六十几年恍如一瞬，离开村里似乎是不久前的事。

父亲一直是村里的骄傲，我们请父亲当年的一位好友一起共进午餐，他婉言谢绝。我有些不解，后来才知道，他脑中风后，吃东西时会经常掉饭，所以不愿前往。当时，我心里想，随着年龄的增长，人在吃饭时，口中不掉出饭来，都会变得如此艰难。年轻时，我们真的不知道自己拥有的是什么，把很多的拥有都当成理所当然，抱怨和烦恼着有或没有的东西，直到失去的时候，才知道它们的价值和重要性。我们自找苦吃的时候真的很多。

陪着步履蹒跚、白发苍苍的父亲，晚上住在亲戚家的土炕上，晚饭是自己家种的玉米碾成面做的玉米糊。父亲喝着糊糊，那种满足感一口口都在了却他思乡的心愿。

从老家回来，我又带着父亲回到北大校园。记得小时候看到过父亲的一张照片，是在北大未名湖畔拍的，有着英俊面容的父亲，正捧着书本看书。我请父亲找到当年拍照片的地方，拿着书，又拍了一张同样的照片。父亲坐在那儿，胖乎乎的像个弥勒佛——岁月真是弄潮儿，一个青年才俊，几十年下来就变成弥勒佛了。

在北大，父亲参观了他曾经的宿舍。上课的地方，也回忆起很多往事。在父亲慢慢的讲述中，我知道了许多不曾知道的过往。如果用画面定格父亲在我心中的样子，就是一系列不同年龄、不同身材、不同神情专注读书的面容。

老家和北大之旅，似乎是父亲对他过往人生的总结和回顾，也是一趟了结过去种种情怀，放下牵挂之旅。这一趟下来，他似乎轻松了很多，可以把更多的念头放在今天和未来的计划上了。而对于我，我知道自己会少一些日后的内疚，多一点欣慰。

我也多次问母亲她的愿望是什么，我能为她做什么。母亲一生乐善好施，是一个勤劳、忙碌、停不下来的人。她没有什么要求，只希望她百年之后，我能把我的女儿，她唯一的外孙女——她唯一的牵挂照顾好。我问她，您究竟放心不下什么呢？母亲想了想，说看到我女儿的成长历程和现状，她其实也不担心了。还有就是百年之后的事情安排，她一直想说，但又担心说身后的事使儿女不安、难过。我说，妈妈，其实把您百年之后的事安排好，对我们也是一种帮助，我们就不用躲躲闪闪，胡乱猜测了。

父亲在这方面很简单，说随母亲。和母亲一起讨论了日后在何处安身，并一起去看了几处墓地，让她感受一下，日后长居在什么地方会感到心安、舒服。我们一起探讨了从病重到长眠，母亲所希望的所有细节。

确实，和至亲至爱的人谈百年之后的事，不是一件容易的事。但对任何人来说，如何离开这个世界，我认为比如何来到这个世界更重要。来到这个世界懵懵懂懂，是个偶然；离开，我们清清楚楚是必然。

让所爱的人离开的旅程，有计划有安排，有温暖有陪伴，随自己的愿，是一种爱，是一种更深层的爱。许多人在平常的日子里会爱孩子，爱爱人，爱朋友，爱亲人，但如何在一个人不久于人世的时候爱他，就会变得诚惶诚恐，不知所措。和所爱的人一起探讨、分担他的恐惧、担心，倾听他的愿望，会使我们彼此少留很多遗憾。有句话说："生前不孝，死了乱叫"，其实是讲，因为没有事先的安排，会留下很多遗憾。

出生和离开，是人生的始终；相比于开始，如何善终更重要。

第二章
Chap

少有人知道的情绪真相

为什么我们要学会掌控情绪

情绪好，命运才好

人生没有新鲜事，人心并不难测，人的行为也很好理解。因为，不管你是什么人，年龄多大，在什么领域学习、工作，位于何地生活，其实目的都是为了活得幸福。

有的人通过上好大学，获得高学历，找到好工作；有的人通过努力获得官位；有的人通过办企业赚钱；有的人通过升职加薪；还有的人通过两情相悦，靠近幸福。

有许多人上了好大学，有了高学历，有了好工作；有了官位，升了职；赚了钱，有的企业还上了市；有了女朋友，结了婚，有了孩子。可是，为什么不但幸福感不强，有的甚至没有幸福感，还有很多痛苦？

在追求幸福的路上，我们绝大多数时候既不了解自己，也不了解他人；碰到问题，也不知道如何解决。所以总是后悔过去，担忧未来，不满今天；总是怕丢面子，否定自己；总在不满足中纠结、困扰。似乎，人生快乐的日子总是稍纵即逝。情绪是我们生命感受的晴雨表，情绪好了，生命就美好；情绪不好，纵然有美好的事发生也无法感受到。

为什么我们会经常后悔过去、担忧未来、不满今天

我们需要了解自己、了解他人，不仅要明白影响自己生活质量的不良情绪根源在哪儿，更要知道驾驭自己各种情绪的方法。如是，才能提升自己的幸福指数。

的确，任何时候，我们都太缺乏对自己和他人的了解了，无知是绝大多数人痛苦情绪的来源。

美国神经学专家保罗·麦克里恩提出假设：人脑不是只有一个，而是由三个脑组成，代表着人类不同的进化阶段。这三个脑分别称作：（1.）新皮质——理性脑；（2.）哺乳动物脑——边缘系统；（3.）爬行动物脑——脑干和小脑。它们彼此通过神经与其他两个大脑相连，但都拥有独立的系统，分别运行，各司其职。

大脑是人的思想、情绪、行为的发源地。人性是思想、情绪和行为在各种环境中的综合表现。所以简单地讲，完整人性包含三个部分——爬行动物特性、哺乳动物特性和人性。也就是说，人是集蛇性、猴性、人性的混合体。

人脑的第一要务是保障我们的人身安全，它本能的状态就是发现环境、身体、关系中的各种危险和潜在危险，标记危险，避免危险。所以，我们会经常后悔过去、担忧未来、不满今天。

人本来就有"冷血动物"——蛇性的一面

蛇性的特点是自生、自养、自灭。蛇是这样一种爬行动物，其生命的主要行为是逃离危险，获得自己的需求，所以被称作冷血动物，只管自己，不管别人。它们没有总结、分析、判断、设身处地为他人着想和感恩的能力。

人在危机情景中，特别是在关乎安全和生存的情况下，主体受爬行动物脑操控，很容易呈现蛇性的行为——不加思考，行为的主要表现是条件反射般的逃避或进攻，多疑敏感，而且凶残。

著名寓言故事《农夫与蛇》对蛇性的描述非常生动精准——在一个寒冷的冬天，一位农夫在回家的路上发现了一条冻僵的蛇，心生怜悯，就把它放在怀里。等到蛇被温暖、苏醒后，却咬了农夫。

很多人看了这个故事都觉得蛇太冷酷、残忍，没有感恩之心。其实，蛇只是呈现了它的本能而已。当人处在危险中，内心充满愤怒、恐惧和悲伤时，也会呈现更多的蛇性，像蛇一样冷漠、无动于衷，不能换位思考，不会感恩，所以有恩将仇报的说法。

记得有位女性，尽管在别人看来，她的父亲很有才学和修养，非常爱她，但她却对父亲传递出的爱毫无反应，有时还表现出不耐烦，甚至还表露出希望父亲出意外的想法；她对母亲的言行也很厌恶。这一切都让人费解。

直到有一天她告诉了我她的过往，我才知道，在她少年时，父亲对她的性侵及暴力；母亲明明知道，却因畏惧父亲而无动于衷。

违反常理的反应，一般都潜含着不为人知的过往和伤痛。

我们的爬行动物脑部分——蛇性的主要功能，就是在危险中保护我们。比如，当我们的手碰到火炉时，我们会不假思索地把手拿开；遇到危险时，会本能地逃离。

有位女士告诉我，她想和她爱人离婚。我问为什么，她说结婚这么多年才绝望地发现，她的丈夫是一个置她的生死于不顾的人。我说："能告诉我具体发生了什么吗？"

她说："有一天我和丈夫在路上走，突然后面来了一辆车，差点撞到我们。丈夫完全没有管我，自己一个箭步就逃到了路边，把我一人留在了马路上。现在想起来，如果那个司机真的撞上来，死的一定是我。"

我们经常看到电影里有人为了自己的所爱，置生死于度外，比如《泰坦尼克号》里的男主角，为了心爱的女人，宁可选择牺牲自己。这位女士说："我倒也不敢奢求人家为我牺牲生命，可他至少可以提醒我一下吧，或者推我一把，可他自己跑了。我想有一天遇到危险，让他选择，他肯定是保自己，牺牲我。

"女人是为爱情而生的，我这一生却碰到了这么一个胆小怕事、自私自利、只顾自己、不顾我死活的人……"

我静静地听着，心中升起无比的悲哀：有多少人基于电影情节，对比着自己的人生，然后感受着悲凉、没有被爱的孤苦。但事实真是如此吗？

我对她说："亲爱的，想象一下，当你走在街上，有一辆车忽然从你身边疾驰而过，你会怎么做？你会先想想，我是躲呢，还是站着不动呢？"

她沉思了一下说："我不会想，我会马上躲开。"

"然后呢？"我继续问道。

"然后我会发现自己心跳加速，可能还会发抖，感到非常惊恐后怕。"她答道。

"如果你爱人和你在一起，你会提醒他，推他一把再跑吗？"

这时，她不好意思地笑着说："不会。"

每个人在遇到突发危机的时候，都会在完全没有意识的情况下，本能地选择躲开。这种行为，可以说是对生命安全的保护之举，是我们的爬行动物脑——蛇性的职责，不在理智、道德和意识的控制层面。

记得汶川地震时，有位老师没管学生，自己先跑出来了，遭到了媒体铺天盖地的指责。也有很多恋人，因为本能的蛇性使然，长久地陷在对彼此的怨恨和鄙视中。而实际上，我们每个人在突发危险的情况下，都可能做同样的事情——先顾自己，不顾别人；这不是选择，而是本能的反应。

由于对人性的了解有局限，人们产生了很多没有必要的痛苦。像上述这位女士就是这样。

你会问，为什么《泰坦尼克号》里的男主角会舍己救人？因为船的下沉有一段时间，不是瞬间发生的，这种情况下，人脑的功能——人性的部分被启动了，使我们能够做出让自己不会鄙视自己，也对得起自己的选择。

为什么人"很难经得起诱惑"——猴性的一面

记得有一年，我到张家界旅游，看到公园里有很多猴子。当时，一只公猴和一只很可爱的小猴待在一起玩，我随身带了好多橘子，于是就故意朝小猴的方向扔了一个，正好扔到小猴前面。但小猴没拿，只是看着大公猴。只见大公猴大摇大摆地走到橘子面前，捡起来就开吃。

我看了很不爽，心想大公猴已经吃到橘子了，再给小猴扔一个吧。结果大公猴当仁不让地又拿了过去。

我继续往前走，看到一只母猴背上背着一只小猴，小猴在妈妈身上蹿上跳下的。我想，这当爹的不靠谱，当妈的也许会不一样。于是我给它也扔了一只橘子。谁知母猴一马当先，拿起来剥开就吃；小猴来抢，母猴躲来躲去，只顾往自己嘴里塞。见状，我又扔了一只，结果母猴又一把抢过来，迅速把上只橘子藏在下颌处，开始剥这只橘子，边剥边躲小猴，还不忘往嘴里塞，没有丝毫分享之意。这让我大为震惊，看来在哺乳动物的世界，当妈的也不太靠谱。

分享这些信息的目的，并非想贬低人类，而是希望我们能够清晰地了解和面对自己的各种属性。事实上，人在很多时候就像一只披了人皮的猴子，非常自私自利、随心所欲、见异思迁。

有一位女性的故事，也很能说明这个问题。

一次，有位女性告诉我，她很鄙视她的爱人。我问她："什么原因让你鄙视你的爱人，能不能告诉我一件具体的事？"

她说，她家里经济条件非常有限，但儿子非常喜欢吃杜果，可是杜果很贵，所以舍不得多买，一次就买几个。他的爱人也非常喜欢吃杜果，每次儿子吃的时候，他都问儿子："爸爸能不能咬一口？"儿子尽管不情愿，但迫于压力，都点点头。但每次爸爸咬过之后，孩子都是满眼的泪，因为爸爸咬过一口的杜果，基本一半都没了。

我问她："这件事对你意味着什么？"

她说："意味着我找了一个自私自利，甚至连孩子都可以不顾，也不能自律的人。"

"那你当初为什么嫁给他呢？"

"他是名牌大学毕业的，长得也帅，非常有才华。"

我问这些特点变了吗？她想了想说没变。

"那你现在发现他是个极端自私的人，准备离婚吗？"我问道。

她一脸诧异地看着我，显然从未考虑过这个问题。她说："没准备。"

我又问："那你准备怀着对他的鄙视继续生活吗？"

她陷入了迷茫。

"你是否可以确定，在与孩子相处的每个时刻，你都把孩子的利益和需求放在首位？虽然你没有与孩子争咬杠果。"我问。

她想了想，不好意思地回答说："也不是。"

人常常给别人的行为上纲上线，却很少审视自己。

如果我们能仔细地反观自己的所有行为，就不难发现，即便是和最亲近的人在一起，我们大多数时候做的选择都是以自己舒服、自己爽为第一选择。而对人的不满，也常常只是因为别人没有满足自己的需求而已。

我们常说，人很难经得起诱惑。当然，这里的人指的是动物性部分的人。比如，美味的食物对人有很大的诱惑，所以有拼死吃河豚之说。

而性的诱惑，对人是更大的挑战。在恋爱或婚姻中，频频出现的第三者和婚外情就与性诱惑有很大关系，许多家庭因此破碎，也有很多人因此轻生，或伤害他人而成为罪犯。性的本质，只区分雌雄；从物种延续的需求来说，配偶多多益善。

所以，了解了人的动物性，也许就不会把发生的一切都当作爱与不爱或认为自己失败予以否定来解读，而是看作人的"动物性发作"的表现。这样的理解，对有些人来说就会减轻痛苦的程度，避免悲剧的发生；对另外一些人来说，是不是也可以提高自己做人的修炼，收敛自己动物性的放纵呢？

"猴性"的另一个特点是，对自己在群体中是否被接纳以及在群体中的地位，非常在意和敏感，因为这决定着我们是否能够好好生存，自己的后代是否能够延续。所以，人对于别人怎么看自己，是否受人尊重，是否接纳自己，也非常非常敏感和在乎；当求而不得时，便感到非常痛苦。

用人的标准要求自己，用动物的标准去理解和宽容他人

人性就是严于律己，宽以待人；临危不惧，先人后己；关怀爱护他人，遵守社会道德，为了大家的利益牺牲自己。

所以，用人性的标准去衡量和要求人的动物性的行为举止，想不失望、不痛苦、不绝望都难。

出路在哪儿？我们要了解自己和他人的动物属性，用人的标准要求自己，用动物的标准去理解和宽容他人。因为，我们每个人处在危机、情绪剧烈动荡、疲惫或想要满足自己急迫需求的时候，都可能蛇性大发、猴性大发。

事实上，每个人都做过"蛇"，也做过"猴"。每个人都是"蛇、猴、人"的三面体，我们都没有自己想象和希望的那样完美。

所以了解他人、放过他人，我们需要做的是让自己人性的部分越来越多，动物性的部分越来越少。这可能就是生命的意义所在。

为什么我们经常被误解，也误解他人

大脑的人性部分，使我们能够利用以往的经验，识别、分析和判断过去、现在与将来。也因为如此，使我们常常陷入人性的困扰中。

台湾"中央大学"认知神经科学研究所所长洪兰教授，在题为《揭露女人思考的秘密》的 TED 演讲视频里讲了下面一个故事：

20 世纪 70 年代她在美国加州大学读书时，学校里有一位年轻老师去自动取款机取钱时被抢走了 200 美元。那会儿，200 美元是很多钱，所以她非常苦恼，就报了警。警察问："那人长什么样？"她说："我太紧张了，没看到他的面孔，只看到他的枪口。"在这种情况下，警察当然无法抓住抢劫犯。

大约一周后，她开始讨厌她的一个研究生，抱怨这个学生不仅吃汉堡加洋葱，气味臭得要命，还不修边幅，等等。她周围的人都觉得很奇怪，因为这个研究生是经过她的面试被录取的，一开始就是这样的人——胖胖的，头发披到肩上，裤子上还有洞，平时喜欢吃汉堡加洋葱。她之前说她要收 IQ140 分以上的英才，所以收了这个学生。可这个学生的 IQ 没变，为什么她现在看他不顺眼了？

三个月后，警察在学校附近抓到一个抢钱的人，请她去指认。当时，有五个人站在墙边，她一看到，马上说是左边第二个。这说明她之前见过那个人，才会马上认出。但左边第二个长什么样呢？和她的研究生很像：胖胖的，头发披到肩膀上，裤子上还有洞。

举这个例子，我想说明的是，人体所获得的信息，实际上有许多没有进入大脑，而是进入了潜意识，变成了感觉。而人本能的感觉、判断和决定都和安全有关，这种感觉使得老师对这个学生感到不安，但又找不到足够的理由。而人的大脑需要为自己的行为找个合适的理由，所以她说那位研究生吃汉堡加洋葱很臭。

在每个人的生活经历中，都会遇到许许多多令我们感到愉快或不愉快的人和事，这些经历在身体和大脑中留下了记忆，但并没有形成意识，所以我们有时会莫名其妙地喜欢、讨厌、害怕、恐惧一个人、一个环境、一个场景或一件事情，看上去毫无理由。

记得有个女孩，一听到别人哈哈大笑，就会变得非常恐惧，心跳变快；有时候甚至有窒息感，想马上逃离。她对自己的这种反应非常困惑、不满意，别人也觉得她很怪。在深入的了解后发现，她曾出过一次车祸，车祸中她的好朋友丧生；而在车祸发生的前一刻，车上的朋友们正在哈哈大笑。

因为和创伤事件发生在一起，身体和大脑会把相关的一切信息统统当作危险信息来处理。她当时也在一瞬间失去了知觉，所以凡是有人大笑她都会莫名其妙地恐惧。

　　还有一个人告诉我，她非常讨厌一个她认识但从未深入接触过的人，对此她觉得不可思议。于是，我让她悄悄地一直看着那个人。我问她看到了什么，她过了好一会儿说，他非常像多年前在僻静的路上企图抢劫她的人。她从此也惧怕僻静之处。这真是应了那句话：一朝被蛇咬，十年怕井绳。

　　人根据过去的经历，能提高对所处的环境和见到的人迅速作出分析判断的能力。但这样的能力有时却会让人过度敏感，有点像家里的烟雾探测器，有时候蒸一锅馒头它也报警。这就不再对人有利，反成了干扰。

　　因为人脑的特点，我们经常会被人误解，也经常会误解别人。

　　短短的一生，我们每个人都经常在蛇、猴和人之间穿行。但如果我们能够用人的标准要求自己，用蛇和猴的标准衡量和要求他人，能够理解在压力、痛苦中的人，不管是谁都容易成为披着人皮的蛇或猴，也就是说，有时候每个人，包括我们自己，都可能"禽兽不如"，明白这一点，我们的生活就会少很多失望和求而不得的痛苦。

　　每个人在生命中要学的功课都是——使自己在人的状态频率高一些、时间长一些，在蛇和猴的状态频率低一些、时间短一些。

六种情绪，决定你六种不同的命运

除了对大脑功能的了解，我们还需要对情绪的维度有所了解。美国著名神经科学研究专家理查德·戴维森（Richard Davison）在他的《你大脑的情感生活》一书中，把情绪分为六个维度，每个维度都有相应的大脑结构负责。

遇到不如意之事，情绪何时平复——情绪的弹性

遇到不如意事情的时候，你的心情多久才能恢复平静？而能够很快恢复平静的人，抗挫折能力就强。

小眉早上醒来，跟爱人说："老公，给我煮一只鸡蛋。"谁知她爱人说："有稀饭和花生米，吃什么鸡蛋，太麻烦了！"小眉一股怒气窜上心头，心想："我这些日子天天加班，这么辛苦，你不就是早起做点稀饭吗？再煮只鸡蛋，有什么好麻烦的？不就是打开冰箱拿出鸡蛋，丢在锅里，加水，开火，简单三步，要不了几分钟。居然嫌麻烦，一点都不为我着想，一点都不爱我。"然后她沉默不语，暗自委屈难过。之后几天，她都没有搭理爱人。

几天后，爱人纳闷她为什么变得冷漠、不理人，问她时才

知道是几天前没煮鸡蛋的事。爱人解释道，那天冰箱里没有鸡蛋了呀！天下着雨，还得出门去买鸡蛋，当然麻烦呀。因为没有鸡蛋，才为她炸了花生米。得知真相的她此时才知道，真正受委屈的是自己的爱人。

像小眉这样，碰到不如意的事情，久久不能释怀，情绪弹性就低，抗挫力也低。

琳琳在机场苦等 10 个小时后，在即将登机的前 25 分钟被告知由于雷雨天气，航班最终取消。她心急如焚，因为待产的女儿肚子阵痛，见红已经住进医院，她恨不得立刻插翅飞到女儿身边。"女儿不知道会不会出现什么意外？"她觉察到自己的焦虑和担忧，意识到自己无能为力改变现实，于是在机场开始静观。

将自己的情绪安抚平静之后，她便柔声细语地给女儿打电话，告诉她，妈妈虽然不在你身边，但妈妈的心一直陪着你。她的淡定使女儿感到了力量和支持。然后，在众多顾客指责抱怨机场工作人员时，她带着微笑和理解接纳的态度，与机场负责人协调，恳请他们尽全力帮助。她成为第一批登上飞机的人，回家后，得知女儿顺利生产。

与小眉相比，琳琳的情绪就很有弹性，抗挫力强。她没有沉浸在焦虑和愤怒之中，也没有将自己的情绪发泄在别人身上，而是抚慰了自己，安抚了女儿，又镇定自若地把精力放在解决问题上。

当半杯水端到面前，你首先想到什么——看待世界的态度

看到半杯水，你是经常看到半杯子满，还是看到半杯子空

的人？

经常看到半杯子满的人，就会常常拥有积极乐观的情绪。有的人能够看到事情积极的一面，但很快就被消极的情绪掩盖了。感受不到任何积极情绪，这样的人就很容易抑郁，也很容易养成酗酒、吸毒的习惯。

我有一个朋友，出差回来发现家里被盗了。他仔细查看了一遍，然后给太太打电话："老婆，我们家来了小偷。"太太大惊失色。谁知先生开心地说："哎呀，你说我们多幸运，这个家伙来的时候，幸好我们都不在家，不然我们可能会受到伤害。而且这个傻瓜只偷了钱和你的耳环，你的衣服、我的书、儿子的玩具统统都在。"

他很乐观，不管发生什么，他不是盯着失去了什么，而是关注没有失去什么。

一个人能够在失去的时候，还能把关注点放在拥有什么上，就拥有了乐观看世界的态度，不容易因负面事情的影响，乱了心境。

你对别人的感受是否敏感——社交直觉

在待人接物、与人连接中，有一个非常重要的能力就是社交直觉。例如，当你和一个人说话时，你不停地看别的地方，一边说一边往门口走，他依然追着你说话，对你已经没有兴趣继续谈话的状态毫无察觉。这样的人社交直觉敏感度就比较低，他们对别人的肢体语言、表情和语调都不敏感；而有的人却能够察言观色，能够准确地知道别人的感受和需求。

再比如，有很多女性和男友或者老公吵架了，就说你滚！有的真的就滚了，结果太太或女友变得更加愤怒。对方还很郁闷：不是你叫我滚的吗？我听话照做，为啥你还这么生气？

其实，这种男人的感受不够敏感，那个时候，许多女性其实是说：你给我滚过来，抱抱我，说一些甜言蜜语，而不是真的滚蛋。也真有敏感机灵的伴侣，当你让他滚的时候，他会说，亲爱的，我该往哪儿滚呢？是向前滚，还是向后滚呢？逗得你哈哈大笑，就一切都没事了。

这种能够准确把握他人需求的人，社交直觉力就很强。

知道自己为什么高兴、为什么难过——自我觉察

有的人对自己内在的感受非常清楚，能够清楚地意识到自己的想法、情绪，以及自己身体的感觉；知道自己为什么高兴，为什么难过，为什么生气，为什么悲伤，为什么害怕。而有的人对自己的感受毫无觉察。

记得有位姑娘，在谈到一些难过的旧事时，泪水从她的眼角流下。我问她："你感到悲伤吗？"她回答："没有啊。"周围的人都觉得她很假。其实，她不是假，她是缺乏自我觉察的能力。

知道在什么场合说什么话、做什么事——对环境的敏感性

生活中，有的人会在别人婚礼上大哭，在葬礼上说笑话。经常说些不合时宜的话，做些不合时宜的事。如果是外人，这会令我们不舒服或反感；如果是自己的家里人，我们就会觉得很尴尬。

下次再碰到这种情况，我们是否可以在感到不舒服后，多一层理解和了解：他不是不想、不愿，是不能够，就像你要求一个没有腿的人正常走路一样。好消息是这种对环境的敏感能力可以在学习和训练中获得。

能够不受别人影响，一直保持专注的能力——注意力

你在做事情的时候，是不是不时地被昨天发生的不愉快的事情分心？再比如，开车或走路的时候，看到路的另一边出了事故，你是不受影响地继续赶路，还是一直盯着看，结果自己差点撞到车或电线杆子？

其实，我们每个人都在某方面缺脑子

在现实生活中，我们经常会碰到在以上六个维度都非常成熟的人。这些人让我们羡慕，他们游刃有余，畅游在人际交往和生活的波澜起伏中，不忧不惧，潇洒淡定，虽然有时候也会遭人嫉恨。

还有的人，会经常让我们觉得不可理喻、莫名其妙、哭笑不得、看不出眉眼高低、假装、做作，看什么都觉得灰暗，有点小事就像天塌下来一样。这些人让我们心生烦恼，左右为难，有时候我们会说，这人真缺"脑子"。

事实上，用现代神经科学研究的结果看，他们真的在大脑的不同部分缺了东西。不是他们不愿意与我们和谐相处，是不能够、不会；而我们自己也很少能够面面俱到。

真相是：绝大多数人都在某一个维度或几个维度有不同程度

的缺失。也就是说，我们大家都在某个方面缺点脑子，只是我们常常看到别人缺的部分，而很少看到自己缺的而已。

我希望，对于人性、对于科学的了解，能使我们对人有更加冷静、客观的认识，而不是把所有让你不满意、没有达到你需求的反应都解读为对你不关心、不在乎、不尊重、不肯定、不爱护。大多数时候，是因为我们不能够、别人不能够，而不是不愿意，也不是故意要让你不满意。

对自身的了解，可以帮助我们有的放矢地去训练我们需要提高的能力。有方向、有方法，剩下的就是我们自己脚踏实地地努力了（具体方法请参阅"第八章 培养积极情绪，一切尽在手中"相关章节）。

幸福由四种化学分子决定，你拥有几种

21世纪，神经科学和心理学日趋成熟，这让我们不仅对大脑的结构和功能有了更多的了解，对人的情绪分析也从分子水平上得以突飞猛进。最关键的是，我们不仅可以了解情绪的来龙去脉，还能从根本上学习驾驭情绪的智慧。

不论你是谁，就像研究幸福的科学家洛蕾塔·葛拉茨阿诺·布茹宁（Loretta Graziano Breuning）博士在她的《幸福大脑的习惯》（*Habits of Happy Brain*）一书中所描述的，幸福和愉悦主要由以下四种神经化学分子——幸福分子水平的高低决定。

人为什么会喜新厌旧，不停奋斗——多巴胺（Dopamine，"兴奋素"）

当人期待收获、奖赏和好处，感到胜利在望的时候，身体内的多巴胺水平就会升高。所以很多人即便不十分喜欢自己的工作，也并不再需要为钱工作，还是不停地工作，就像体内安了停不下来的发条一样。这在很多企业家身上体现得尤其明显。表面上看是十分进取，不停地设立新的目标，达到后又开始新的奋斗，实际上是多巴胺使然。也因此，很多企业家因过劳而英年早逝。

这让我想到一个科学实验：大白鼠被连接到电刺激愉快中心，它只要一踩电杆，就会分泌多巴胺，感到兴奋，所以大白鼠就不停地踩电杆，不吃、不喝、不找伴侣，直到死亡。

很多人也是这样，有时即便这种奖励和回报是虚无的，人们也乐此不疲，比如打游戏上瘾。

大脑对容易得到的东西，兴奋程度很低，所以人会不断寻找新的可能——得到奖励、好处或成功，以激发自己的热情，所以人的本能都是喜新厌旧、见异思迁。

小的回报激发少量多巴胺，大的回报激发大量多巴胺。所以，当孩子被倒下的汽车压住时，妈妈能够把车抬起来救孩子。

科学家还做了一个实验：

如果猴子做对事，就奖励它吃菠菜，这时，它的多巴胺就会升高。过了一段时间之后，如果猴子做对事，就奖励它喝果汁，多巴胺会更高。但持续给果汁，猴子的多巴胺很快就降低了。

有趣的是，当猴子再做对事时，又换回菠菜做奖励，它变得非常愤怒，会拿起菠菜打研究人员。这就帮我们了解了这样一个事实：当我们对一个人好，他会习以为常；一旦不再对他好，他就会不高兴。当然，别人对我们的好，我们也同样会很快习以为常，并觉得理所当然。

为什么我们老是盯着自己没有的东西？

因为大脑只对新鲜的东西产生兴奋，新鲜的东西会激发多巴胺的分泌。但多巴胺很快会被代谢掉，所以你得再次寻找新的东西。

欲望的基础就是为了产生更多的多巴胺，所以我们一直追求更多、更新的东西。虽然实际生活不需要，但是我们想要，所以总是盯着没有的东西；因为求而不得，就常常陷入烦恼和痛苦中。

每个人都在寻求被人肯定、被人接纳、被人欣赏、被人爱，但这些需求相对于物质需求来说，更复杂，更不容易得到满足。所以我们苦苦追寻，因为寻找和发现这些需求容易激发多巴胺的分泌。其实，我们很多的行为都是脑内神经分子驱动的结果。

了解躲在幸福和快乐背后施展魔力的神经化学分子，是为了更好地把握自己的生活。就像我们了解水和电的特性一样，知道什么时候开，什么时候关；什么时候增加，什么时候减少，而不是不知不觉任由它们摆布我们。

为什么运动和流泪使人舒服——内啡肽（Endorphin，"舒服素"）

内啡肽是第二个使我们感到愉悦、舒服的化学分子。

当你身体受伤却感觉不到疼痛，剧烈运动或做完瑜伽类伸展拉筋运动后感到舒服，大笑或大哭后感到畅快，都是因为你体内的内啡肽增加了！所以当心情不爽时，我们可以通过运动、锻炼、哭、笑的方式让自己轻松。

有许多人经常对我说："我真想好好地大哭一场。"曾经有个身家数亿的企业家对我说："海蓝老师，你能不能让我哭一场？我在单位不能哭，因为上千名员工都把我当靠山，我要哭了，他们觉得企业就要垮了；在家不能哭，因为我是整个家族的顶梁柱，所以我必须在家人面前坚强——可我觉得，我再不哭出来，就要憋死了。"

想哭是身体要求放松、调整的信号。他说得很对，有很多人没有眼泪，只是把眼泪变成了疾病和肿瘤。

我们的社会，给了男人太多不符合人性，也不利于他们健康的期待。流不流泪和坚强无关，有泪的男人会有柔情，侠骨柔情才是极致的男人。女性朋友们，别把你的男人和儿子期待出病来。男人们，哭吧哭吧不是罪！不仅不是罪，还可以哭出你的健康和幸福。

信任与被信任都会让人幸福——催产素（Oxytocin，"亲密素"）

当我们感到可以依赖什么人、信任什么人，以及被人信任时，亲密素就会升高。所以我们才知道，为什么信任对于彼此这么重要。信任代表着安全，而安全是人的第一需求。

人还有一个强烈需求，就是对团队的需求。对哺乳动物来说，你只有跟随群体时，才能得到保护；当群体跑的时候，你得跟着跑，否则你就有危险。所以，你就知道人为什么会跟风、人云亦云，亲密素使然。

当一只羊远离群体时，意味着生命危险；当一个人远离群体时，就会感到非常孤独。人非常害怕孤独，因为孤独代表着生存受到威胁；孤独时亲密素会降低，压力素（Cortisol）会骤升。

在与人连接，得到别人关注时，人体内会产生亲密素，所以我们希望别人关注我们，记住我们的名字。

当我们抚摸喜欢的人或被喜欢的人抚摸，甚至看到人与人之间亲吻拥抱，也会心生温暖和愉悦，因为亲密素会增加。

人具有抽象思维的能力，即便不在一起，当感到被支持和关爱的时候，也会分泌亲密素。

不论企业、团体还是个人，都一直强调信任，因为信任是感到幸福的核心要素。就个人而言，学习与人建立信任，做一个值得被人信赖的人，不是为了别人，而是这样做才是通向幸福的捷径。

男性和女性有什么不同呢？

男性的主要精力是发现伴侣，而女性则是确保孩子的生存。所以，男人更容易背叛。

每个人都需要被尊重——5-羟色胺（Serotonin，"尊重素"）

当人感到被尊重时，会分泌5-羟色胺。

当人感到不被尊重时，5-羟色胺就会降低。所以当我们感到不被尊重时，会非常不爽。

当我们感到能够控制周围的环境和人时，5-羟色胺会升高；当遭到挫败时，就会降低。所以与人比较是人的本能，比别人强，5-羟色胺就会升高；比别人弱，压力素就会上升。

那么，如何增加自己的5-羟色胺呢？

（1）告诉别人你的成就。

（2）每个当下，接受自己的社会位置。当别人处在中心位置时，学会感受没有压力的快乐；当自己被关注时，感受尊重。

（3）与自己不能控制的事情和平相处。

为什么很多人喜欢说别人不好？因为当自己没有什么成就，也没有什么地方比别人出色时，会不由自主地感到不悦。而在说别人不好时，可以感觉自己比别人好些，这是5-羟色胺使然。

人人追求幸福，当问及感到幸福的场景是什么样子时，绝大多数人都会回答：是与亲人、爱人和孩子在一起的时候。但人们在车子、衣服甚至化妆上花的时间、精力和金钱，往往比经营亲密关系都多。

我们总以为要是有了这个，有了那个，就会幸福了。其实，无论有了什么，没有好的关系都不会幸福。与自己、与爱人、与孩子、与父母、与同事、与领导的关系好了，一切都会好！

可是，人生最难处的就是关系，我们的各种情绪也在各种关系中出现。那么在接下来的几章，我会与大家分享，在具体事件中如何化解我们的消极情绪，如何与人建立良好的关系，培养幸福的习惯。

管理情绪就是管理健康

疾病是负面情绪没有化解的身体呐喊

负面情绪通常是在人与人之间的矛盾中产生的，而这些矛盾多源于我们对他人的期待和现实不符。所以，一个人的健康，是身心平衡、人际关系和谐的结果。想要拥有真正的健康，不能仅仅依靠吃补品看医生，更需要学会与人相处，拥有调整自己情绪的能力，也就是提高幸福力。有位女性朋友，年轻的时候漂亮，心高气盛，追求的人也多，和爱人相处也是趾高气扬的，生活中遇到不如意的事情就生气、发火。但随着自己年龄的增长，她的爱人在事业上发展得越来越好，关注他的人也越来越多，特别是受到许多年轻女性的青睐。

这位先生在家经常被妻子指责、抱怨，在外经常被恭维，渐渐觉得看老婆越来越不顺眼，夫妻吵架也越来越多；再后来，他有了婚外情。这位妻子心中的积怨和愤怒更加升级了，但一向好强、要面子的她，不愿意让家里人知道，更不肯让亲戚朋友知道，也不能让孩子知道，于是她变得越来越压抑甚至抑郁，两年后发现得了乳腺癌。她告诉我，她非常清楚自己的病是怎么来的。

相信你也听说过，也许你身边就有因为各种恶劣情绪淤积于身而导致生病的人。

现代医学越来越多地证明，人的各种疾病和负面情绪密切相关。有一本书叫《致命的情绪》（*Deadly Emotions*），作者是美国执照家庭医生唐科伯（Don Colbert）。他在书中引证了许多近年来关于情绪和疾病关系的研究。比如经常愤怒和有敌意的人，容易患有高血压和冠状动脉血管疾病；怨恨、悲痛，不能宽恕和原谅他人，自我憎恨，容易导致自身免疫系统疾病，如类风湿关节炎、红斑狼疮和多发性硬化症；焦虑，容易引起应激性肠道综合征；惊恐发作，导致二尖瓣脱垂；压抑的愤怒，容易引起紧张、偏头痛、慢性腰背部疼痛、下颌关节脱臼、纤维肌痛综合征等。

当我们压抑一些负面情绪时，它便会通过身体来表达。可以说，情绪是疾病之源，疾病是负面情绪没有化解的身体呐喊！每一种疾病都是身体的呼唤，呼唤得到关注、得到肯定、得到感谢、得到接纳。许多的悲伤、恐惧、愤怒、不满、抱怨都源于没有得到身体需要或想要的东西。

我给大家分享一张图片，这张图片也是我20多年求学之路的总结。

疾病是人生必然存在的部分。很多疾病，现代医学并没有根除的治疗方法。高血压、心血管疾病、糖尿病、各种癌症、艾滋病、各种免疫缺陷疾病，只能维持相对稳定，而药的副作用很大。

记得我做眼科医生时，经常碰到患视网膜变性和青光眼的病人，许多病人反反复复发病最终失明。我立志做一个能够从根本上帮助病人解脱病痛的医生，而我所学的知识和技能是远远不够的。报考研究生，有很大一部分原因是想提高自己的专业能力。

　　而我在学习过程中就知道，我们的很多疾病在出现症状之前，组织已经发生病变了。比如，当你感到肝区不适、恶心、厌食之前，肝组织已经病变了；在组织发生病变之前，细胞已经发生了病变；细胞发生病变之前，我们体内的分子已经发生化学变化；而我们体内分子之所以发生化学变化，多数情况与我们的情绪有关。

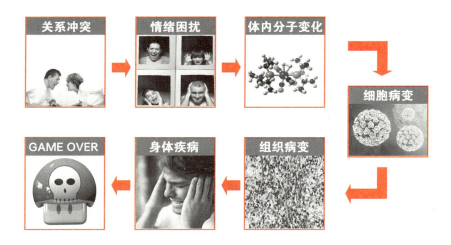

　　为了让大家直观地看到情绪是如何引起组织器官变化的，我在课堂上会问："谁害怕当众发言？"一般有很多人都怕，大多数人怕当众发言超过对死亡的恐惧。我就找一个特别害怕发言的人，让她站起来。你会看到，她一站起来脸就红了，手脚出汗，甚至颤抖，心跳加速。

　　还有，生气的人会面红耳赤，怒发冲冠，其实都是情绪引起的身体反应。如果没有得到化解，久而久之，就会淤积在身体内形成病症。

Chapter 2
少有人知道的情绪真相

其实在几千年前,《黄帝内经》里就有"恐伤肾,喜伤心,悲伤肺,怒伤肝,忧伤脾"的记载。只是现代医学找到了科学的证据,让人能够看到这个变化的路径。而人能够理解和看到的实际上很有限。

所以,情绪致病不再是一种说法,而是现实的存在。如果我们仔细想想,会发现不管是喜是悲,我们的绝大多数情绪都是在与他人相处中产生的。可以毫不夸张地说,生病常常是因为你的关系出了问题!

那么我们有多少人学习过决定健康、生死、幸福的情绪和关系方面的知识和技能呢?绝大多数人没有学过。

在谈到学习如何管理自己的情绪,如何与爱人、孩子、上级、同事、公婆相处时,很多人的回答是:没钱,没时间!可如果哪一天,因为身体不舒服去医院看病,医生说,你身体某个部位长了个东西,需要马上住院,还要交几十万元押金,这个时候他们会突然间变得不仅有时间、有精力,还有钱!问题是很多时候即便有时间、有钱,也无法回到健康的轨道。

太多人年轻时耗尽自己的一切资源、时间、精力和健康去创造财富,然后用积攒的财富去治病。这样生命就成了一场为治病积攒钱财的旅程。钱财已去,健康难留,很多时候换来的是人去财空。

这就是很多人自动或被动选择的人生之路。

其实我们可以有不同的选择,那就是从疾病的根源入手。从经营我们与自己、父母、孩子、领导及同事等的关系入手,从把握自己的情绪入手。当我们心情宁静、关系和谐时,疾病就会远离。

在同样受污染的环境中,有的人生病,有的人不生病,主要原因是人的抵抗力不同。抵抗力的核心是免疫力，而免疫力的基础是一个人能够保持内心宁静，与人和谐相处。简言之，心情好，免疫力就会提高。

坏情绪一定会致病

有一次，我的课堂上来了一个特别帅气的小男孩，10岁左右，这个孩子各个方面都很出色。小男孩一家本来住在县城，后来，他的爸爸妈妈为了有更好的发展，也为了让他能接受更好的教育，就花了很多钱在一个大城市最好的学校旁边买了一套学区房。小男孩顺利上了重点小学，爸爸妈妈如愿以偿，非常兴奋。

但是孩子进了重点学校没多久，一到上学的时候就说肚子疼，不愿意去。孩子几乎每天都这样，不肯上学，而且看起来是真疼，面色苍白，有时候甚至疼得大汗淋漓。最后，这个孩子几乎休学在家，令全家人非常痛苦和困扰。爸爸妈妈带他走遍了全国各大医院，求医四年，却始终查不出身体有什么问题。四年后的一次检查，医生说孩子患有浅表性胃炎。

为了解决孩子不上学的问题，妈妈来参加我们的"如何培养有抗挫力的孩子"的家长课堂，我请她把孩子带到课堂上来。第二天，妈妈和孩子一起来上课，我问孩子为什么不想上课，他说胃疼。

就我的判断，一个身体健康的孩子不太可能有严重的胃病，很可能是情绪所致。于是我对他说："我相信你的胃一定很疼，那么除了上学的时候疼，其他时间疼吗？"

孩子如实地回答："其他时间不疼。"

"人一般在恐惧或害怕的时候，胃就会不舒服，是学校里有什么人让你感到害怕吗？"我又问。

孩子说："学校有一个数学老师，特别严厉，经常让学生罚站，有时候还打学生。在刚进新学校不久，老师有一次当着全班同学的面严厉批评了我，还用手点我的头，让我非常恐惧。所以只要一想到上学，我就害怕得胃疼。"

孩子的妈妈听了非常吃惊，她自以为很了解孩子，却不知道，他不愿意去上学是因为害怕数学老师。这四年来，她忙着四处求医，希望从医生那儿找到孩子胃疼的原因和治疗方法，让孩子吃了各种中药、西药，却没有想过孩子为什么会胃疼，更没有想到恐惧才是导致疼痛的原因，而疗愈的方法不在医院。

在当天的课程现场，我不仅帮孩子处理了对老师的恐惧，还和孩子一起想了应对的方法。孩子回家后，很快就开始上学了，虽然偶尔还会不想去学校，但很快就不成问题了。两年后孩子妈妈告诉我，现在孩子已经长成了一米八的大高个儿，非常帅气，各个方面又开始变得非常优秀。

我们常常意识不到情绪的危害。不知你是否留意过这样一个现象：无论在哪一个城市，医院常常是人最多的地方。尤其是好医院，经常被挤得水泄不通。以我多年从事身心医学的经验来看，其实很多病都是不需要去医院的。就像这个孩子的胃疼，求医四年都没有得到解决，因为产生问题的根源不在身体层面，而是情绪问题。

心里不舒服，会导致身体不舒服。而长期心里不舒服的人，就会开始生病，甚至导致各种严重的疾病。环顾我们周围，无论是新闻报道还是亲人朋友、同事、熟人，不难发现各种因情绪而导致疾病的实例。我们国家曾经做过一个调查：人一生的积蓄，在什么地方花的最多？答案是医院。许多人一辈子省吃俭用，不舍得吃，不舍得穿，这儿也不敢去，那儿也不敢走，结果却在生命的最后三个月把钱花在了医院，常常是人财两空。如果每个人都能学会好好管理自己的情绪，也许我们去医院的次数就会少很多，更重要的是生活的质量也会高很多。可以说，管理情绪就是管理健康，管理生命，管理幸福。

好情绪是良药

情绪会导致疾病，但幸运的是，情绪也会疗愈疾病。

情绪疏导的方法有很多，不同的情绪，需要的方法不同。但总的来说，做任何一种情绪疏导时，最重要的步骤有以下四个：

（1）停下来。

当你有情绪时，找个没人打扰的地方，安静地和自己待在一起。

（2）听从身体的指引，感受自己的身体。

跟随身体的指引，可能想哭，可能想说，可能想喊，可能想打，也可能想抱抱自己。总之，在不伤害自己和他人的前提下，身体想怎么动就怎么动，直到身体感到舒服一些。

要明白，身体在很多时候都比我们的大脑有智慧。

（3）问自己究竟什么需求没有得到满足，怎样才能满足，特别是如何不依赖他人也能让自己满足。

（4）制订行动计划，行动。

er

第三章
Chap

3

掌握人生最大的本领：
与任何不如意和平相处

情绪是魔鬼还是天使

　　每个人都会有情绪，情绪是我们对自己生活满意度的晴雨表；把握好了情绪，就把握好了人生。情绪本无好坏，只因为我们自己的分别心，在对待一些不好的情绪时，雪上加霜。

　　人之所以幸福，不是因为得到了多少东西，而是学会了与一切负面情绪和平相处。

任何一种情绪，都在为你的人生保驾护航

　　听很多人说，情绪是魔鬼。

　　我们说情绪是魔鬼，是因为许多人在情绪冲动时做了伤害自己、伤害他人的事情，所以有"一失足成千古恨"之说。水是滋养我们的生命之源，但发生洪灾时也吞噬过数不清的生命；火给予了我们很多能量，使我们能够取暖、做饭、制作很多东西，但发生火灾时，也会烧毁一切我们认为有价值的东西，包括生命。那么我们是否也可以说，水和火是魔鬼？

　　它们都是生命的资源，可以是魔鬼，也可以是天使，关键取决于人们是否对它们失去控制。

其实，情绪也一样是生命的资源。天下没有什么情绪是魔鬼，所有的情绪本质上都是天使，都在守护我们。

正面积极的情绪告诉我们，现在所处的状态已经很幸福，或者正在靠近幸福。

负面消极的情绪告诉我们，此时此刻的状态正在远离幸福的轨道，一如疼痛对身体的作用。想象一下，如果没有疼痛，我们受伤、骨折都会毫无感觉，结果会如何？在医学上，一个没有疼痛感的人，生命都会很短暂，由于感觉不到痛苦，患者经常弄伤自己，导致严重感染，危及生命，他们的寿命一般都很难超过25岁。

情绪本身并无好坏，也无对错，是我们自己的分别心，让我们想极力远离负面情绪，追逐积极情绪。

我们需要的不是咒骂情绪是魔鬼，而是学习如何让情绪成为我们的卫士以及幸福指南。

比如，当我们感到难过或抑郁时，一般意味着已经失去或将会失去一些自己觉得珍贵的东西，包括有形的和无形的，物质的和非物质的；或者我们无法企及我们希望达到的目标。

当我们感到愤怒时，意味着别人冒犯了我们，冒犯了我们为人处世的标准，冒犯了我们的一些道德标准；也有可能是有人拿了我们的东西，抢了我们的爱人……

当我们感到焦虑和害怕时，意味着我们对未来发生的一切不确定，不能把握，害怕产生和自己的预期相差太大的不好的结果。

当我们感到愧疚时，意味着我们做了对不起别人的事情。

当我们感到羞愧时，意味着我们做了违反社会或文化准则的事情。

所以，当每一种情绪来临的时候，我们先要静下心来搞清楚这个情绪到底意味着什么，如此，我们就不会陷在情绪之中，把时间和精力放在逃避或者与之对抗上，而是去探究情绪背后的原因，找到需要改变的方向。

情绪是天使，是保镖，特别是负面情绪。因为在痛苦中，我们才会真的停下来，静下来，思考改变。

改变人的力量有两种：一个是痛苦，一个是爱。因痛苦而改变比因爱而改变的人更多。

情绪没有好坏，只有失控的时候才不好

19 世纪，英国一座庄园里住着一对夫妻，先生是一位优雅的绅士，太太是一位贤淑的名媛，他们非常恩爱。可是有一天，先生在家里的衣柜里发现了一个系着粉红丝带的盒子，打开一看，里面全是情意绵绵的情书，开头写着"亲爱的"，结尾写着"你的 ×××"，先生异常愤怒，但不想打草惊蛇，就试探着问太太："我们家里有什么东西是我不知道的吗？"太太说："没有啊。"

先生看着太太一脸的平静，心想，女人真是太可怕了！但他什么也没说，准备继续观察。几天后，盒子里面又有了新的情书，他再次向太太问起此事，依然得到同样的回答。

又过了一段日子，情书依然持续增加，他质问太太是不是外面有人，太太矢口否认，盛怒之下，他掐死了太太。

因为出身名门望族，又素来有夫妻恩爱的传说，太太的死被

认为是突发心脏病所致，没有引起外界的猜疑。

太太离开一个月后，她生前的闺密来敲门，事情才水落石出。原来系着粉红丝带的情书盒子是太太的闺密请太太保存的……

先生得知真相后，悔恨难当，无法原谅自己，最终自杀。

生活中，不管是夫妻之间、情侣之间，还是母女、母子、父子、父女之间，上下级之间，甚至陌生人之间，因为没有了解真相，有很多的错判，所以会误解他人，也被他人误解。

其实，不管发生什么，如果认真去探究对方想要什么，你想要什么，最后会发现我们与别人没有太大的不同，都是希望被支持、被理解、被关爱、被在乎、被喜欢。

能够看到这一点很重要，这样我们就不容易在自己的需求没有得到满足时情绪失控，而是给自己和他人留一个澄清说明的机会，不至于造成很多痛苦和悲剧。

情绪没有绝对的好坏，只有失控的时候才不好。

人的情绪不好，很少和事实本身有关

有一位女性和老公去一个农庄吃饭，老公硬是不给她点她喜欢吃的豆花和豆腐。她心想："真是太不体贴了！他明知道我喜欢吃什么，却不管不顾，说明根本不在乎我，不在乎就是不够爱我呗。"她越想越气，转过脸不再理睬老公。

回到家后，她又质问老公，老公说："我们去那家农庄的时候，已经过了饭点了，你喜欢吃的这些菜，我担心会是剩菜，而你历来肠胃不好，又比较冲动、任性，所以我坚持不给点，其实只是希望你能够吃到干净、新鲜的饭菜。"

知晓老公的良苦用心后，她才发现当时老公看起来不近情理的行为背后是一份更深的爱。

大多数人，都以自己在此时此刻的需求有没有得到满足，来感受和评判人和事。比如，你已经感到很饱了，父母还一直往你碗里加菜，让你继续吃；你明明很热了，爱人还给你披一件衣服。你的第一反应是什么？一般都会是烦躁和不满。

我们有一种倾向：只要没达到自己的需求就不由自主地感到不满，在第一时间"恶意"解读他人的意图。

对许许多多案例的梳理让我看到：无论是对人的愤怒、恐惧、怨恨、厌恶，还是自己的内疚、哀伤、羞愧和自责，很少和事实本身有关，是我们的想象使我们陷入苦海，并非事实本身。

这些情绪主要来源于我们的解读，而人本能反应的第一解读往往是把自己当作受害者。受害者模式一启动，我们立刻就变成了受伤的羔羊，把自己想象成那个没有人在乎、没有人理解、没有人认可、没有人爱的人。我们编故事的能力极强，速度也极快，用不了几分钟，就可以给自己刨个很深的坑，蹲在里面自艾自怜，觉得自己是天下最孤独、最可怜、最受欺负的人。

如果每次情绪来袭时，我们能够静下心来，放下自己的评判和猜疑，不把自己变成受伤的羔羊，而是去了解和倾听对方的想法和感受，从第三方的角度客观理性地看人、看事，就会看到全相。而一旦看到事情真相，就会发觉很多烦恼真的是自己的解读出了问题，与事实大相径庭，我们的心就会释然很多。

人为什么成就太少？因为负面情绪太多

负面情绪不可怕，怕的是陷在其中不能自拔

我在上压力管理课时问大家："在座的各位，谁有过悲伤的情绪请举手！"所有人都举了手。我又接着问："谁有过生气、愤怒、害怕、焦虑的情绪？"几乎所有的人都举了手。我又问："什么人会没有任何负面情绪？"大家沉寂了一下，然后说："死人。""那么有情绪说明了什么？"我问。大家不约而同地笑着说："证明我们还活着。"

是的，有情绪，不管消极的还是积极的，都是我们活着的标志，是生活的必然组成部分，没法躲，也躲不开。没了情绪就没了性命。

从古至今，对人伤害最大，阻碍我们不能成就自己梦想的原因是什么？不是没有梦想，没有方法，没有努力，没有资源，而是在实现梦想的途中，挥不掉理还乱的愤怒、抱怨、恐惧、焦虑、担心、内疚、悔恨、悲伤和无助的情绪。

也就是说，真正困住我们的，不是外在的困境，而是无法化解的负面情绪。

负面情绪，每个人、每天都会有。它们有时会像住在我们内心世界的审判官，评判我们每个行为和想法；有时像一个没完没了24小时在线唠叨的怨妇；有时像随时都会被引爆的炸弹；有时像个血吸虫，吸尽了我们所有的能量，让我们连起床刷牙的力气都没有；有时像恶鬼，让我们什么都怕，仿佛惊弓之鸟。

最可怕的不是我们有什么情绪，而是被它绑架、控制，使我们身不由己，就像掉入陷阱一样。

人的负面情绪主要是"悲伤过去""恐惧未来""愤怒现在"

人的负面情绪主要有三种：（1）愤怒、生气；（2）恐惧、害怕、焦虑、担忧；（3）难过、悲伤、痛苦。

悲伤的情绪与过去有关，愤怒的情绪和现在有关，恐惧的情绪跟将来有关。总的来讲，回顾心起波澜的场景和事情，会发现我们的情绪大体是愤怒、恐惧和悲伤这三类。

生气、愤怒是现在的事情，当我们感到被冒犯时会愤怒，比如遭遇抢劫或背叛，或者别人和你的观念、想法不一样，你就会愤怒。当然，碰到悬而未决、拖沓的事情时也会很愤怒。

1. 过去做的一切，都是当时最好的选择

悲伤、悔恨和难过常常是对发生在过去的事情的反应；对曾经发生的事情久久不能放下，常常感到心情压抑、阴沉、痛苦、悲伤。

很多人，对于过去的事情都有很多的遗憾、后悔、难过和悲伤，会反反复复地想："如果不那样做、那样说就好了。""早知道是这样，我就不会……""我为他／他们／他们家做了那么多，他

们对不起我。""我对不起……"想得自己心力交瘁、痛苦难耐，使自己沉浸在悲伤、悔恨和痛苦之中。

其实，不管过去发生了什么，你在那一刻所做的事情，都是那个时候你的资源、你的能力、你的理解、你的智慧、你的知识、你的情绪状态等各方面因素作用下，所能做的最好选择。

没有一个人想把自己的生活搞得一团糟，也很少有人想愧对他人，几乎没有什么人想故意伤害他人。只是在那一刻，由于上述的各种原因，你做了在彼时彼刻能做出的最好决定——虽然回头望去，不尽如人意，甚至在今天看来非常糟糕。我回想自己走过的路，做过的事，如果时光倒流，几乎每一件事都有可以提高和改进的地方。其中有些事甚至都不愿或不敢相信是自己做的，自己说的——离我对自己的标准太远了。但人生就是如此，总有些日子不堪回首，总有些事情让我们无法面对自己和所爱的人。最糟糕的是，我们错失了昨天，又在沉溺于对往事的悔恨中，荒废了今天，从而失去了明天。但所有的事在那时看来一定是最好的安排。

所以，亲爱的，不管你过去做了什么，去了多么不该去的地方，见了多么不该见的人，愧对了多么不该愧对的人，做了多少自己引以为耻、令自己生厌的事情，都不需要再浪费光阴怪罪自己。你可以：

（1）告诉自己，过去无论做过什么，发生了什么，都是那个时刻你所能做的最好选择。亲爱的，请放过自己。

（2）总结发生的一切，如果时光倒流，你怎样做才能是利人利己的。

（3）你从中学到了什么，从今天起你应该怎样做，才能让自己不留遗憾，让自己满意，让自己和他人都满意。

（4）制订不同层级的目标。如果感到资源和力量有限，就从不留遗憾做起；如果觉得有资源、有力量，就多做令自己和他人都满意的事。

不管对人还是对己，最有价值的事情就是对彼此的生命有所贡献。过度的悔恨和沉溺于过去，其实是一种深度的自私和自我放纵，因为沉溺比改变容易得多。

2. 没有比较，就没有伤害

网络上有这样一个段子：有四个神人，你永远无法超越，他们就是——我当年，我一朋友，我一同学，别人家的孩子……

在日常生活中，我们常常会不由自主地与别人比较，从而为自己带来许多烦恼和痛苦。

很多人喜欢拿自己的爱人和孩子与人比。老公不如别人的帅，不如别人的有能力、有钱、有才华；老婆不如别人的漂亮，不如别人的能干、贤惠、会持家；孩子不如别人的聪明……自己心里想想也就算了，还要直言不讳地告诉爱人、孩子，别人有多好。

我问经常这样比较的人："你为什么要告诉爱人，谁谁谁比他强呢？"

得到的答案经常是："我是为了激励他进步呀！"

我说："很好，那如果你老公对你说，隔壁的张太太年龄和你差不多，学历也差不多，你看看人家，孩子自己带，里里外外一把手，把自己收拾得利利索索、漂漂亮亮、很有气质，而且钱也挣得很多，和领导同事关系处得也很好。再看看你，我妈还帮着带孩子呢，你却连自己都弄不利索，领导同事关系处得也一般，家务活做得也不多。你是不是听老公这么一比较，就顿时有动力向张太太学习了呢？"

她停顿了一下说："我有动力，我有动力扇他两巴掌。"

其实，没有人希望这样被比较，可我们总是在比较，不但拿自己和别人比，还拿孩子和爱人与别人比。如果你以为你告诉孩子和爱人他们比别人差，他们就会有动力改变自己了，上面的例子就是结果。你引发的不是动力，是对抗。人在被批评和指责时，对抗是非常自然的反应。人只有在被接纳、认可与肯定时，才会有动力去反思和改变自己。

有一个非常简单的方法，可以使我们不至于被"扇巴掌"。那就是，每当你希望对方改变时，先停下来想一想，如果你处在同样的情景中，别人怎样说、怎样做，会使你愿意接受建议、改变行动？

如果你能这样做，至少有几个好处：

第一，你不会因为比较而激怒对方，结果事与愿违；

第二，你也不会因为期待太高而失望、生气；

第三，你也不用因为"为对方着想"，而费力不讨好或感到委屈。

还有一些人喜欢拿自己和别人比。自己的房子不如别人的大，工资不如别人多，职位不如别人高，不如别人漂亮、有气质、会说话……最终越比越郁闷，越比越自卑。

然而，比较是人与生俱来的本能，我们需要在比较中确定自己的位置和安全感。所以我们要学习的是如何比较，不能任由本能的比较，让我们常常深陷烦恼之中。要比就要反思自己：

（1）当你觉得自己不如别人时，你感受到了什么？

（2）为什么会感到不舒服、难过？

（3）为什么选择和这个人比较，是不是在自己的生活中有什么缺失的部分？

（4）是什么他可以做到，而你没有做到？你需要做什么才能使自己的生活靠近自己想要的样子？

（5）发现自己的资源，好好盘点自己拥有的一切，用自己已经拥有的一切来创建自己想要的生活。

（6）问问自己，今天跟昨天比，有什么进步和成长？

（7）把时间、精力和资源用在切实的行动中，并不断地修正和改变自己。

人只能用自己拥有的东西来建造属于自己的生活，没有人能够在怨天尤人的攀比中，成就梦想。

人生的最大消耗
——把精力和时间花在了和情绪的对抗上

当你开始对抗，方向就错了

曾经有一位幼儿园的主管告诉我："每次做活动，都会有很多家长和孩子来参与，可经常是在活动马上要开始的时候，我们老板会说：'这个活动设计得太简单了，家长不会有兴趣，孩子也不会有兴趣……'然后提出好几个修改方案。可是活动马上要开始了，之前老师们也彩排过了，临时改动，老师们就懵了。这让我非常生气，因为每一次活动计划都会被打乱，所以在心理上就有很多对抗。但知道胳膊拧不过大腿，还是得接纳他的意见。"

我问，最后结果是什么？"最后的结果基本上都会出现两种情况：第一种印证我是对的，第二种印证他是对的。"她回答道。"那他对的时候多，还是错的时候多？"我又问。她想了想，有点惊讶，好像刚发现似的说："他对的时候多。"然后紧接着说："可我经常是明明觉得他说的是对的，方向也是 OK 的，但我仍会愤怒，会抗拒。""你会怎么表达愤怒，怎么抗拒呢？"我问她。"我会把自己愤怒的情绪撒向我的同事和下级，在行动中和老板对着干。我不明白我为什么会出现这样的情绪。""那结果呢？"我又问。"结果是四面起火，和所有人相处得都不好。"她答道。

我说："人之所以愤怒，一般都是因为别人冒犯了我们做人做事的准则和计划，或者我们觉得没有被公平对待。愤怒是表面的情绪，愤怒之下，一般都有其他情绪，常见的是悲伤、难过，或恐惧、害怕。所以我想你生气的第一个原因，可能是他把你已经安排好的一切打乱了，换成谁都会不舒服的，所以你生气是正常的。第二个原因，可能是潜在的恐惧，怕临时变动会引起混乱，不能把握整个活动的进程和结果。第三个原因，可能是你觉得自己的工作被否定。"她专注地听着，频频点头说："这些原因我都有。"

"人最大的需求是确定和安全的需求，不希望我们所做的事情被人家打断。当被别人打断、打乱的时候，就会不舒服。不舒服时本能的反应一般不是逃避就是对抗。大多数人遇到不顺心的事情都会做出本能的反应，也就是猴的反应，所以常常会被外界的人、事和环境搅扰。还有一种反应是人的反应。所谓人的反应，就是不被情绪搅扰，在任何场景中，都能做一个利人利己的决定。那今后碰到这种情况该怎么办呢？

"第一，他是你的老板。任何一个老板，不管你认为他多么无礼，多么不可理喻，他之所以成为你的老板，一定有成为你老板的理由，他一定有比你出色的地方。所以作为一个员工，不管什么时候，如果他的建议和要求不会造成对生命财产损害的话，你的第一选择就是听从老板的话——即便他是错的。要把这个关系搞清楚。

"第二，别把关注点放在他是不是打乱了你的计划，是否尊重你的感受上，而放在他的建议是否会使活动办得更好上。

"第三，等静下来，有机会的时候再和他沟通：你希望在活动流程上他能提前给你建议，而不是在活动开始前突然给你提建议。

"第四，做好老板随时可能提新建议的准备，练就自己应对突发事件的能力。

"如果从以上四个方面考虑处理，结果会有什么不同？"

她说："仔细想想，老板身上的许多优点是我没有的，而且经过长时间和他的工作磨合，好像我身上也渐渐有了他的优点。另外他很善于学习，也引领了我学习，让我在职业生涯中有了更明确的发展方向和发展目标。还有，回顾过去，其实他做的很多调整都是比较明智的。"

"其实人生只有一件事不变，那就是变化。老板把你的安排打乱了，如果你能很快地把心情调整好，把事情做好，长久以往，你会练就出什么能力？"

"应变和适应能力。"她回答。

"那么从这个角度看，老板的临时建议对你来说意味着什么？"我接着问。她沉思了一下说："老板其实是给了我很大的机会，练就我临危不惧、镇定自若的能力。"

"通过我们今天的交流，如果重新回顾你和老板这些年的互动交流，你有哪些发现和收获？"

"过去我把太多的时间和精力用在对抗老板，对抗同事，四处发泄自己的不满上，伤人伤己，真的太不值得。我只是沉浸在自己的情绪中，看不到别人，真有点自以为是，不知好歹。如果遇到事情让自己静下来，从利人利己的角度去行动，就不会有那么多纠结，工作会更有效率，人际关系会更和谐，自己也会更舒服。"

不仅在职场，在生活中的方方面面，我们最大的消耗，就是不分青红皂白地把时间和精力放在了和情绪对抗上面，消耗自己，也消耗别人。

如果情绪可以说话，她一定会大声呼喊：你们都错用了我。我的本意，是让你们了解自己，了解别人；是让你们知己知彼，越过越好。

没有人在面对训斥和指责时，还能把事情做好

有一位学员说："我在教孩子的时候，很难控制自己的情绪。"

我问："孩子多大？能不能告诉我一件具体的事？"

她说 7 岁的女儿在练琴时，经常会出错。

"出错后，你会说什么，做什么？"我问。

"我会不断告诉她，这个地方你弹错了，那个地方你弹错了……"然后孩子就会很不情愿地重弹，态度也不好。

"我就说，我不提醒你的话，你练一晚上都是这样，这么练琴是没有意义的。她会继续练，但反反复复地弹错，我在边上接着说：'这个地方怎么又错了，那个地方怎么又错了。'孩子会很烦躁地说：'哎呀，我怎么就是弹不好呢？'我说第一遍还好，当我说到第四遍、第五遍的时候，我自己就开始发脾气了，孩子就

会很对抗。"

我问她："你觉得一个 7 岁的孩子练琴，就应该都弹对吗？"

她说："肯定不会，所以我会指出来，告诉她错的地方，她才能进步呀。"

我说："如果你在家做饭，你爱人站在旁边，一会儿告诉你葱切得不对，一会儿又说你油放得不对，盐放多了……一个劲儿地说，你是什么感受？"

"那我肯定心里很不舒服。"她答道。

"那你觉得你的孩子和你在一起会是什么感受？"我问。

"肯定很不舒服。"她说。

"那么怎样才能既帮助孩子，又不让孩子难过、有情绪？"我问。

她说："我会说，宝贝，妈妈知道你已经很努力了，弹琴有时候很无聊，也很苦，但是你想将来弹得像老师那么棒，就得多练习，错不怕，练多了，错就会少的。"

"你觉得你这样对女儿说后，她的反应是什么呢？"我问。

"孩子至少在情绪上，比刚才舒服多了，她会更愿意练习。"她答道。

要知道，没有人能在不断被纠正、被指责、被批评、被训斥的情况下把事情做好。孩子如此，成人也如此。

人愿意把事情做好，是因为感到被理解，得到了鼓励和支持。

人的很多烦恼，都是自找的

人成熟的标志是能够不带情绪地表达需求和愿望

在关系中，我们总是期待着温暖、支持、爱和感恩；在关系中，我们也同样会有怨恨、愤怒、担忧、恐惧、不满、抱怨、嫉妒、厌烦，这些情绪也是关系的必然组成部分。

人和人之间离得越近，感受的情绪就会越多。真实和丰盈的亲密关系一定包含着各种情绪。但积极与负面的感受比例至少要3:2，才能使关系得以延续。

经常听人说谁谁是好人，谁谁是坏人。实际上，每个人都会在有些人面前是好人，在有些人面前是坏人；情绪好的时候容易是好人，情绪差的时候容易成坏人。每个人都善恶兼备，关键是我们是否有足够的能力，启动别人的善，使它朝向我们。

为什么人在情绪糟糕的时候是"坏人"？想想自己情绪糟糕的时候会做什么，就知道答案了。当人情绪不好的时候，会变得自私，一般会做这样的事：攻击他人或躲避起来。

情绪好的时候，我们的心是开放的，愿意理解和接纳他人。

一个人成熟的标志是能够不带情绪地表达需求和愿望。当需求和愿望没有得到满足时，不抱怨、不攻击、不逃避，积极想方设法解决问题。

所谓好人，其实是成熟、情绪好的人。

可恨之人必有你不知道的心酸

如果你的东西被偷，家里东西被盗，你会有什么样的感受？你会觉得偷盗之人可恨吗？

如果你知道偷你东西的人，他的孩子重病住在医院，交不起医药费，偷东西是为了给孩子治病，你又会怎么想？尽管不论什么处境，你我也许都不会选择以偷盗的方式解决问题，但对有些人来讲，那也许是他们能够采取的唯一方式。人用极端手段解决问题，很多时候都有我们不知道的心酸和无奈。你会说："还有很多骗子，要饭的，家里有房又有车，过得比我还好。"那是他们的选择和生活。而我认为，那种选择本身就是不幸和悲哀。

记得我在美国时，有一年圣诞节前夕，在大家把圣诞礼物都准备好，放到圣诞树下后，我的同事发现，她放在家里圣诞树下的礼物被洗劫一空。她告诉我们时非常平静地说道："偷的人一定比我更需要这些礼物，是圣诞老人借盗窃者的手，把礼物送给了需要的人。"你可能会说，这是典型的阿Q精神。也许你是对的。但从另一个角度来说，她说的是不是也有其中的道理和智慧？而我认为，在于事无补、无能为力做出改变时，改变我们对事情的解读，未尝不是一种能力，一种获得宁静和幸福的能力。

我看过一段来自美国的视频，是一位漂亮女性的自述。她说她到沃尔玛买东西，付费的时候，等了20多分钟，队伍依然很长。收银员是个大约 16 岁的男孩，他一会儿把账算错，一会儿丢三落四，所以很慢。排队的人变得不耐烦、愤怒，有的甚至开始攻击、谩骂他。

后来小伙子就崩溃了，边哭边说："我妈妈今天早上自杀了……

"但是，我还要工作……

"因为我还有房租要付，还有账单要付……

"但是，我已经没有妈妈了……"

不管我们在哪里，在做什么，任何事情其实都有它的原因。

当你感到你的爱人、同事、邻居、老师，或是公交车上的陌生人、店铺的店员、茶馆的伙计，有距离、有棱角、有些冷时，一定是他们生命中有过伤与痛。他们或许因为曾被伤害过；或许因为一直孤独面对这个世界，没有人保护；或许因为体验了太多对人、对事的失望。

我们每个人都一样，都会有不为人知的各种困难和遭遇，所以，如果能放下评判和指责，心怀一份好奇和体谅，去了解他人背后的故事，我们就会看到每个生命的不容易。这份了解会让我们的心境越来越平和，生命也因此而变得包容和厚重。

人生没有走不出来的困境

我们都喜欢跟心胸宽广、大气智慧的人相处，希望自己也能成为这样的人。而人之所以宽广、博爱、智慧，是因为他们承受了常人所不能承受的苦难，忍受了很多常人所不能忍受的委屈。他们的心胸是苦难和委屈撑大的，智慧也是从磨难中增长的。每一次苦难和磨砺，都是通向心胸宽广、大气智慧的机会，当然也可能成为懦弱屈服的理由。如何选择，只取决于自己的内心。

人生没有过不去的坎，只有以为过不去的心情

有一位女士，和第一任老公离婚时，孩子被男方扣下，母子8 年不曾相见。

后来，她和第二任老公结婚，夫妻二人情投意合，共同创业。不料天有不测风云，爱人在婚后短短几年便遭遇车祸，撒手人寰。

和第三任老公结婚后，她终于找到人生归宿，却不幸得了乳腺癌，做了手术。

就是这样一位女性，你可能会觉得她的生活一定完蛋了，或

者说她的人生实在太悲催。然而恰恰相反，她的人生过得依然非常精彩。她是我的一位学生，也是团队最受欢迎的一位教练。她淡然、超脱，有着大智慧、大格局，心胸宽广，待人亲切。

当初，年轻气盛的她和孩子的父亲稀里糊涂结了婚。可婚后家里战火不断，总是吵架。几番周折后，她决定脱离这段婚姻。孩子的爸爸以把孩子留下作为离婚的条件，为了自由，她答应了。没想到离婚后，前夫千方百计设障碍，不让她见到儿子。每次想见孩子，最后都会演变成一场战争，对她、对孩子以及对父母都造成了伤害。万般无奈之下，在孩子6岁时，她被迫选择了不再见孩子。直到8年后，孩子才重新回到她的身边。又过了3年，孩子顺利考上大学，就离开她去读书了。如今，她的孩子已经长成一个非常帅气、成熟、稳重的小伙子。

可是，每当想起当初的自己为了自由和幸福，曾经有8年时间没有陪伴在孩子身边，她就会觉得自己非常自私，内心对孩子怀有深深的愧疚和无法弥补的遗憾，但这份愧疚从来没有直接跟孩子说过。

后来经过梳理，她和儿子有了面对面沟通这件事情的机会，儿子却对她说："妈妈，如果当年你不离婚，也不会好到哪儿去，因为我会在你们的争吵声中长大。虽然当时我也不希望自己的爸爸妈妈离婚，希望自己家庭完整，但看到你那么不开心，我也会不开心，所以，妈妈的选择是对的。如果没有你当时的选择，就一定没有现在的我。你看，我现在比同龄的孩子成熟很多，而且清晰地知道自己想要什么。你不需要感到内疚或自责，我不仅没有怪过你，而且很佩服你。因为是你造就了现在的我，你不是苟且生活的妈妈，而是不一般的妈妈！"

她说，上天给她的并不仅仅是这样一个考验，后面的磨难接踵而至。离婚后，她期待自己能拥有一个快乐的婚姻，并且真的如愿以偿，遇到了一个两情相悦的爱人。于是，她辞掉了工作，和爱人开始轰轰烈烈地创业，却没想到有一天晚上，爱人出去应酬时出了车祸，出事前10分钟他还兴高采烈给她打过电话，可是一瞬间就阴阳两隔。她一夜白头，伤心欲绝。然而公司那么大，还有那么多事情需要处理，她只能咬牙坚持，让自己变得坚强。最终，他们的公司还是破产了，人没了，家庭没了，事业也没了，她几乎变得一无所有。回想起来，她最难受的还是没有机会跟他好好告别，一直没有好好地面对内心的悲伤。

我为她做了哀伤梳理，她在梳理中对第二任爱人说："我很珍惜我们那一段缘分，感谢你给了我那么刻骨铭心的体验，虽然结果令我如此悲伤。也许你是来帮我的，让我开始明白我真正想要的是什么样的生活。在我们的婚姻生活中，你给了我从未有过的呵护，也让我品尝到了婚姻生活的甘甜。你给予我的这些东西，是别人所不能给予也无法替代的。感谢你的疼爱和付出，让我对感情、对婚姻都有了更深层次的理解。"

经过这次告别悲伤的梳理，她彻底放下了对第二任丈夫的哀思。

现在，她和第三任丈夫恩爱17年，二人一起患难与共，走过了人生的风风雨雨，却仍是情如初见，爱似陈酿。

不管遇上什么事儿，每一次她都问自己：这事儿能死不？不能死，就去做。她坚信：一切都会过去，明天一定会来。

因为她知道痛苦也是生命的一部分，不能成为放弃的理由。人生其实没有过不去的痛苦和磨难，只有以为过不去的心情。

想要不同于常人的生活，就会遭受不同于常人的苦难和麻烦

美国最负盛名的心理治疗专家，杰出的心灵导师露易丝·海，在一次次磨难中实现了生命的重建；111岁依然穿高跟鞋和旗袍的沪上名媛严幼韵，她的勇敢和美丽连死神都把她忘了；美国女明星安吉丽娜·朱莉虽然切除了卵巢和输卵管，却依然在和死神赛跑；还有受世人尊重的脱口秀女王奥普拉·温弗瑞，哪怕遭遇过怀疑与背叛，性侵与遗弃，但她从未向命运屈服，而是迎着人性的光辉艰难而勇敢地前行。她们的智慧和勇敢，既点亮了自己生命的灯塔，也让我们看到了穿越苦难的可能。

哈佛医学院临床心理学家克里斯托弗·肯·杰默在《不与自己对抗，你就会更强大》中写道："人生中大多数的痛苦不是别人给你造成的，而是自己跟自己过不去。"

人生失意时多，如意时少，所以有人生十有八九不如意之说，没有人是例外。只是我们常常知道自己的不如意，却不知道他人的不如意。只有把种种不如意当作生活的常态，与之和谐相处，我们才会感受到宁静和幸福。

每当感到痛苦和压力时，首先问问自己，哪些是没有必要的。很多时候，当我们看事情的角度变了，一切都会变。

想要不同于常人的生活，就会遭受不同于常人的苦难和麻烦。我所知道的每一个有成就的人，都经历过不为人知的艰难和

磨砺，都有一种敢于放弃一切的勇气，以及敢于承受一切后果的担当。

因此，当你遇上人生困境时，要相信一切都是上天的美意，成就你所不能。没有人会主动选择苦难、经历磨难，但天下没有能够远离苦难的人。不管你过去成就了什么，苦难都是生命的必然部分。很多时候，是上天在你踌躇不定的时候，帮你做了更好的选择。要学会把能量用在更合适的地方，因为这就是生活。

人们面对人生的困境和磨难时，一般有三个层级：

第一，被痛苦裹挟，怨天尤人，失去了方向；

第二，能够从困境中跳脱出来，找到方法让自己平静下来，并继续前进；

第三，感恩这些磨难，领会背后深藏的美意，并总结自己从中收获了什么。

想一想，你在哪个层级呢？

强大，就是能与任何不如意和平相处

把负面情绪当作朋友来相处

你碰到的所有的一切，特别是让你不舒服的一切，都是探索自我的开始。

我们这个时代，对情绪，尤其是负面情绪有一个很大的误解，那就是以为一旦出现任何不好的情绪，就应该把它立刻消除掉，把它当作敌人来抵抗或逃避。这种误解使我们经常误杀信使，恩将仇报，或者像鸵鸟一样把头埋在沙子里，以为这样痛苦就会远去，结果使问题越弄越复杂，自己越来越紧张，越来越纠结。

有一位在少年时被亲戚性侵的女性，因为深深的耻辱感，不敢告诉任何人。她希望能把发生过的一切都忘了，于是极力逃避。可是经常在晚上睡觉前，脑中都不由自主地闪现被侵害的画面。每当无法入睡，她就靠吃安眠药帮助睡眠，可睡梦中还是会经常被噩梦惊醒，白天也不时地会有画面出现。

为了不让自己回忆，她开始酗酒；又因为酗酒而经常耽误工作，进而影响到了她的人际关系，领导不满意，周围的同事、亲戚朋友也因为她阴晴不定的情绪而越来越不愿意和她交往。于是她变得抑郁，饮食也不规律，慢慢肠胃也坏了，生活变得越来越糟。

当终于有机会面对过去发生的一切时，她明白了应该感到羞耻的不是她，而是那个伤害自己的人。那些令她恐惧，极力想回避的画面，当真的去一一面对时，她知道那是发生在 10 年前的事情，只是一些记忆而已。而那个曾经伤害她的人，现在已经不可能再伤害她了。

当她再看到那些画面，就像看了几十遍同样的恐怖电影一样，对下一步会发生什么，了如指掌，完全没有了害怕的感觉。她放下后，失眠自然就好了，也没有再做过同样的噩梦，白天也很少被回忆困扰，即便偶尔想起，心中也很平静。

当我们能够把负面情绪当作信号和提醒，而不是对抗，怀着好奇去面对，像对待朋友一样去关注和了解，人生才能从根本意义上发生改变。因为我们不会再浪费时间去做无谓的对抗和逃避，而会把生命用在对自己有更多的了解上，开启自我探索的旅程。这种向内的探索，使我们能够放下过去，获得更多的自由，靠近自己想要的样子和生活。

要记住：所有让你不舒服的情绪，都是你的知己，都是你的朋友，都是你的保镖，它们的出现只为了给你的幸福保驾护航。

与负面情绪的和平相处之道

有许多人问我，如何控制自己的情绪？我说一共三步：

第一步，在每次说话前先停下来；

第二步，问问自己想说的话是想发泄，还是想表达；

第三步，只说对人对己有益的话。

也许有人会说，这说起来容易做起来难。不错，所有的能力在开始学习的时候都不容易，成为习惯就不难了。习惯是重复践行的结果，习惯久了就成为我们的品质和素养了。

很多人执着于说真话。每个人都需要真诚待人、真实做人。但什么是真话？有人以为想到什么就说什么。

说话是为了交流，是为了表达自己的想法和感受，是为了对人对己有帮助。如果只是发泄自己的情绪和不满，等同于随地大小便。所以我说话的原则是：假话绝对不说，真话要掂量着说。掂量的标准是：是否对人有益。

亲爱的，请不要急于去躲避或推开你此时感到痛苦和不愉悦的境遇，不要急于根据此刻难受的感觉，去判断好与坏，是与非。如果你能静下心来，细细体味其中的感受，身体的，情绪的，思想的，你就能收获其中的所有。你最终会明白：痛苦是灵魂的呐喊，困惑是智慧的开始。每份坎坷的经历，都是生命的提醒，都能帮助我们靠近那个更加真实而幸福的自己。

引起情绪波动的每一件事，都是成就自己的机会

每一次情绪的起伏，都是我们与人与事相遇的韵律，都潜含着成就彼此的机会。引起我们情绪波动的每一件事、每一个人，都是成就自己的机会。

那么，在每一个情绪的当下，你可以做些什么？

我相信，在所有情绪中，没有什么情绪比失去爱人更让人难

过，更让人不能承受得了。我的老师、好朋友，原宾夕法尼亚大学焦虑强迫症中心的主任艾尔娜·雅丁博士，经历过她生命中最黑暗难过的时光，看看她是怎么走过来的。

她说："我出生在以色列，在我二十几岁的时候，有一个相恋了5年的恋人，他长得非常高大、英俊，还兼具幽默和智慧，是一名很有发展前途的军官。我们非常相爱，已经订婚，并为结婚做好了一切准备。就在我们举行婚礼前的几个月，我们国家发生了一场战争，他在战争中牺牲了。

"那个时候，以色列的每个人都会成为士兵，我那年23岁，也成了军人。我把全部的时间都用于帮助他人。虽然那个时候的我非常悲伤，但是我建立了一个通道，让帮助他人成为我疏解悲伤的通道。

"我没有向其他人求助，因为觉得那个时候不合适——那是处于战争的特殊时期，我想等过了那个时期再处理我的悲伤。但是从我知道我未婚夫牺牲的那一刻起，我就决定我的一生要为两个人而活，不再只为自己而活。当我看到任何新鲜事物时，我就想他如果看到会怎么想，怎么说，怎么反应。所以我对他的记忆永远是鲜活的，仿佛他一直活着。

"当我父母去世时，我也用了同样的方法。当我看到蓝蓝的、暖暖的天空，我会想，如果我的妈妈看到会非常开心。2008年，海蓝邀请我去四川，出发前我爸爸已经病重，他告诉我到了中国一定要爬上长城，然后在长城上给他打个电话。我到了北京，在长城上给他打了个电话，我说爸爸我在长城上。爸爸非常高兴，说你先完成你的工作，再回来看我。然而不久爸爸就离开了。

"我一向认为，我不仅仅是自己在生活，我还是我的文化、人民和家庭的代表，所以我所经历的一切都是有意义的。恐惧也好，悲伤也好……都是一种体验。对我来说，这些不是一种导致我下沉的力量，而是一种上升、托起的力量。"

人生会遇到很多事，很多不顺心和意外的事，也自然会有各种情绪。当有情绪时，许多人反反复复地琢磨，左思右想沉溺其中，通常是越陷越深，不能自拔。而 Yadin 博士做了不同的选择，她行动起来去帮助他人，以此来建立自己负面情绪疏导的通道。

我们感到难过、愤怒、恐惧、焦虑时，一般都是从自己和与自己有关的角度、利益出发，想得太多。很少有人对别人的境遇和遭遇彻夜难眠的，除非和自己有关。我们在生活和影视剧中，经常听到一句劝慰别人的话：少想点。坐在那儿，少想是不可能的。人静下来的时候，最容易胡思乱想。少想最有效的方法是身体行动起来；动起来，自然就会少想。所以改变情绪状态最有效的方法就是行动。

最好的行动是帮助别人，在助人中，你会感到自己的价值；在助人中，被助者的开心和感恩会感染到你，整个过程会使你身体内的多种幸福素提高。实际上，助人首先就是助己。

如果在情绪中，你实在想不出能为别人做些什么，你忍不住要多想，那建议你尝试用以下方法想：

（1）提醒自己：情绪是了解别人、了解自己非常好的路径，是通往智慧的大门。

（2）觉察自己：我为什么不高兴，这个不高兴跟我的目标有关系吗？这个不高兴对我的目标是有积极的作用还是消极的作用？

（3）思考：我到底应该怎么来调整，是对外指责、发泄，还是回到自己的内心？

（4）行动：做出利人利己的选择。重要的是，我们要把每一次情绪的起伏，都当成学会把控自己情绪的练习。当我们真正能够做自己情绪的主人而不是奴隶时，内心自然会感受到真正的愉悦、宁静和自由。

er

美

第四章

Chap

4

总是那些看不见的
伤痕更深更疼：
如何走出抑郁的黑洞

情绪低迷是人生常态

没有不低迷的人生

近年来，看到听到太多的关于抑郁症的案例，某某明星抑郁了，某某主持人抑郁了，某某媒体精英、官员、企业家抑郁自杀了。每每听到这样的事情，心情都是无比沉重。其实抑郁是情绪低迷的一种表现，而情绪低迷是人生的一种常态，关键是我们如何去应对。

我曾经受邀为人民大学学子做过一场主题为《如何帮助自己和同伴走出低迷的情绪》的公益讲座，当我问他们"你们有没有过情绪低迷的时候"时，在场几乎所有的学生都举起了手。

情绪是能量，有时也是生命线！是的，情绪低迷是人生常态，就像冬天是四季常态之一一样。有的时候，我们总觉得自己是世界上唯一情绪低迷的人，所有的伤害都发生在自己身上，觉得自己是如此孤独。其实，不管我们正在经历着什么，在世界各处，有成千上万的人正在和我们经历着同样的故事。

在你情绪低迷的时候，你的身体、情绪、思想、行为都发生了什么样的变化？情绪低迷的时候，身体一般会有如下感受：失眠、胃疼、头痛、呼吸困难、哽塞感，等等。情绪一般会表现为无聊、烦躁、抑郁、痛苦、恐惧、焦虑、过分敏感、警觉、无助、怀疑、不信任、否认等。脑海里总是会想坏事，注意力不集中，缺乏自信，学习成绩下降，无法做决定，效率降低，不能把思想从危机事件中转移。行为上一般会表现为厌食、不出门、买东西、哭、不想说话、吵架、打架、飙车、酗酒等。

情绪低迷本身不是问题，低迷状态是反思和改变的起点。我们在低迷时如何选择是关键。许多人的选择是损人不利己，使问题变得更加复杂、困难，影响到人际关系、工作、学习和生活，甚至直接导致失恋、失眠、失望、绝望和冲突的发生。

为什么会情绪低迷？因为现实和我们期待的不相符

究竟是什么让我们情绪低迷？是因为人生的轨道没有按照自己的意愿进行。在这种状态下，有的人会心理失衡，有的人会感到压力，有的人会受伤，有的人甚至会产生心理危机。所谓心理危机，就是产生自杀与他杀的想法甚至付诸行动。

我在极端情绪管理课上，经常问现场的学员："回顾过往的人生，你是否在某个瞬间有过自杀的想法？"几乎每次都有70%以上的人举手。

人生不如意事十有八九，在极度痛苦的时候，有这种想法其实非常普遍。只是很多人不想让别人知道，更多的人也不想知道，或者害怕自己的亲人和伙伴有这样的想法。

曾经有个非常著名的演员，有钱，有名，有貌，却多次对他的朋友说活着真没意思，很想自杀。他的朋友说："开什么国际玩笑，想死也该是我们这些没名、没钱的。你什么都不缺，想死也轮不到你啊。"半年后，他真的自杀身亡。多少年过去了，他的朋友一直悔恨、自责。

记得有个孩子告诉他的父亲："我想跳楼。"父亲答道："我年轻的时候，那么苦都过来了，这么点小事你就要跳楼，想跳你就跳。"这个孩子就真的跃身从高楼跳下，当场毙命，留下极其痛苦、无法原谅自己的父亲。

当一个人陷入极度痛苦时，就会以为痛苦是永恒的，不可能消失和改变，就会感到绝望，就想用最快的方法解脱痛苦。而处在痛苦中的人，只要能够被理解，感到温暖，看到希望，就不会采取极端手段；当我们从自己的角度，衡量和评判他时，只会增加他的孤独和痛苦。

关于抑郁，你需要知道十件事

抑郁就像感冒，每个人都可能会得，如果你自己或者身边的朋友正在经历，了解以下十件事，也许能够帮到你：

抑郁的人，一般对人对己有极其负面的认知

抑郁的人的核心想法和信念是：自己是无能的，不可爱的，也不值得被爱，感到非常无助、挫败。还有很多人觉得，我和别人不一样，我生来就有缺陷，没有人会喜欢我，谁愿意跟一个有缺陷又不好的人在一起？他们不仅对自己有这样自动化的想法，对于别人和未来也全都是负面的，他会认为周围的人都很冷漠，没有人会关心我，没有人爱我，未来是没有希望的，未来也不会好起来的，觉得自己没有能力改变现实，停在一个无能为力、无助绝望的状态。

人如果经常处于无助状态，比较容易抑郁

一般来讲，一个人如果经常特别低估自己，贬低自己，觉得自己又丑又无聊，也没有什么能力对别人有任何帮助，对社会也

毫无价值和益处，长期处于无望无助的状态，比较容易抑郁。而事实上，不管发生了什么，没有任何情况会永远无助和无望，一切都可以改变。

很多抑郁的人都追求完美

正是因为觉得自己不够好，抑郁的人总想寻求一个更好更完美的生活，这其实是一个无底洞，完美是一个不断接近的过程，并不存在一个终极的状态。完美的生活是特别虚幻的看法，人生十有八九不如意，正是因为这些不如意才使我们的生活丰富多彩，才有不断向前去追求自己梦想的动力。

焦虑和抑郁总是结伴而行

近 50% 被诊断为抑郁症的人同时存在焦虑症，反之亦然。但焦虑和抑郁从本质上是不同的，焦虑往往是对不确定性的恐惧，而抑郁是源于绝望和无助。焦虑可以产生能量和动力，抑郁像是陷入了拔不出腿的泥潭。

抑郁有时是生命成长的必要阶段

亲爱的，如果你感到抑郁，不要责怪自己，也不要觉得世界是灰暗的，人心叵测、不可捉摸。有时抑郁是生命成长的必要阶段，抑郁让我们有机会停下来，向内探寻究竟失去了什么。而所有的失去，都是为了给未来更精彩的内容和更合适我们的人留出空间。静静地倾听它的呼唤和需求，你会在静谧中看到未来的方向。

抑郁症是一种普通的疾病，不要对它有任何偏见

美国《精神障碍诊断与统计手册（第五版）》（DSM-5）中提到抑郁症的诊断标准包括：心境低落，对身边的事物和活动失去兴趣和愉悦感；活动明显减少，几乎每天都感到疲劳或精力不足，失眠或睡眠过多；很难集中注意力；不断自责、内疚，觉得自己毫无价值，可能会有自杀倾向等等。抑郁症的外部表现非常复杂，悲观低落的心境固然是一种症状，但更多时候还会通过肢体的症状表现出来，比如头昏、乏力等。

所以是否有抑郁症，不能简单以心理症状为判断标准，有的人则主要表现为身体症状。最重要的是，要知道抑郁症就是一种普通疾病，就像感冒一样，不要对它有任何偏见，11% 的人都有不同程度的抑郁症状。如果你怀疑自己有抑郁症，建议你去专科医院检查确诊。确诊的目的不是为了给自己戴个有病的帽子，而是在专家的帮助下知道如何选用有效的方法使自己康复，就像感冒发烧了，知道原因采取有效治疗方法一样。

抑郁后不要死扛

抑郁后不要自己扛。很多政要、明星、企业家、名人、专家、普通百姓都可能会抑郁。确实有人有轻度抑郁症自己熬熬就过去了，但对于很多抑郁症患者，死扛不会改善，甚至会加重。

抑郁的盟友是孤独，抑郁的天敌是与人连接。太多的人会因为感冒发烧、头疼胃痛在医院排队看病，挂盐水，而对于自己的抑郁焦虑却深埋心中。其实，一般感冒发烧，在家休息两周也就好了。而心理性抑郁，如果影响到你的饮食起居、学习工作和人

际关系，就不是自己能够调节的了，你需要寻求专业帮助，寻求朋友的支持，要让周围人知道。

疗愈抑郁，方法一定比问题多

抑郁有很多有效的疗愈方法，有药物治疗，有心理治疗，许多种心理治疗都能够有效地治疗抑郁症。对一些严重的抑郁症患者来说，药物治疗加上心理治疗会更有效。其中认知行为疗法，即通过帮助抑郁症患者改变行为和思维的方法，被证实非常有效。

对于抑郁的人来讲，主要在两个方面需要改变：认知的重建和行为的调整。在认知上，得了抑郁症的人就好像戴着墨镜看世界，看到所有的景色都是灰色的，我们要帮助他认识到不是所有的事情都是黑白或灰色的，所有的事情都会改变，让他看到希望。在行为上，抑郁的人通常情绪比较低落，很少能感知到快乐，所以可以让他找到一些能够感受到快乐的事情去做。

抑郁的疗愈，必须跨越"接受"这一关

接受不完美的自己、接受残酷的事实，真的不容易。我在大学期间，有过很长一段失恋期，用了 5 年的时间才走出抑郁症的阴霾，而闺蜜们的支持和守护是关键因素。

很多人曾问我，为什么你会从抑郁到拥有今天的成长和状态？我的回答是：很多时候，我们是在自我毁灭，我们以为自己的困难超过了自己所有的资源，而事实上，这是一种幻觉、假象。

不管是谁，当深陷痛苦时，就会如井底之蛙，看到整个天空布满黑云，无望无助。而现实是，只要静下来，给自己一点时间，寻求亲朋好友和专业人员的支持，方法一定比问题多。慢慢地，当我们碰到问题，不再想为什么不行、不能，而是开始想为什么可以和能够时，我们的生命就越来越有力量，越来越充满快乐和自由。

帮助别人，是疗愈抑郁的有效方法

加利福尼亚大学心理学教授索尼娅·柳博米尔斯基（Sonja Lyubomirsky）与同事研究发现，积极行为，如帮人买食品或写感谢小纸条等，是治疗抑郁的有效方法。这些行为看起来微不足道，不过对一个抑郁的人来说，生活中多一些积极情绪意义非凡，就算多一分钟也好。

人生所有幸福的来源，其实是给予。多项研究表明，乐于助人的人，心理更健康。他们更活跃、更积极、更敢于迎接挑战，有更多的爱和积极情绪，抑郁和自杀的概率也显著降低。当你帮助别人时，脑部会产生大量多巴胺，而多巴胺正是人的"快乐使者"，负责传递开心和兴奋的感觉。

如果你和你的朋友正在抑郁

当一个人抑郁的时候，请不要对他们这样做

　　抑郁症的对面不是快乐而是"活力"，抑郁就好像身体被什么东西困住了，人生也被卡住了，无法倒带也无法前行；体内的精力好似被榨干了，有时连起床、洗脸和刷牙的力气都没有。所以不要对抑郁的人说"你要开心一点""想开一点"这种话，谁不想开心，他要是能开心早就开心了，这样说只能更增加他感到不被理解的孤独和苦闷。

　　不要问抑郁症患者"你为什么要抑郁？你怎么会抑郁呢？"这样的问题，很多人得抑郁症自己也不知道为什么，就像很多癌症患者不知道自己为什么会得癌症一样。

　　抑郁的人情绪不由自主，他们除了经常不想说话外，有时会非常烦躁，容易发脾气，这时候最需要的就是家人和朋友的包容和理解，对于这种情绪失控的表现，他自己也很痛苦，无助。所以不要对抑郁症患者说，"你有完没完啊，成天脾气这么糟糕！""你有啥可抑郁的，我还抑郁呢！"

　　对于抑郁的人，开始我们会有很多的不理解，甚至攻击、诅

咒和伤害。曾经有一个学生说自己抑郁了，引来室友一阵嘲笑，"抑郁啥？全世界的人抑郁了，也轮不到你！"

其实抑郁有时候就相当于精神发高烧，那个时候别人看你，胳膊腿都好好的，却赖在床上。你要得了抑郁症就知道，有时，真的连起床的力气都没有，别人无法知道。心里的东西眼睛看不到，看不到别人就会觉得没事，其实这只说明我们对心理健康的认识非常肤浅，也非常无知。

生活中，看一个人发烧、得癌症、腿断了，我们能够识别，并且很快升起同情之心，伸出援助之手，而对焦虑、抑郁的人，因为没有认识和了解，所以许多人的反应是躲开。

在物质条件日益丰富的今天，焦虑、抑郁等心理疾患越来越普遍，我们不仅需要关注身体疾患，更需要关注心理疾患，因为心理疾患常常是身体疾患的前奏。

当一个人绝望的时候，你可以这么对他说

我问过许多人，如果有一个人跟你说他想死，你是否会感到害怕恐惧？很多人都回答会很害怕，想要逃离。我问怕什么？他们回答说，不知道该怎么办，也怕惹上麻烦。

其实，害怕是因为不知道该怎么办，只要掌握了具体助人的方法，就不会害怕。

每个人都有救助他人的可能。我曾在微博上发起调查：在你感到困扰和难过的时候，第一时间会向谁求助。调查结果显示：44.2% 的人会选择向朋友、同学、同事求助。所以，只要你有朋友，你就有可能是他生命的救护者。你需要做的是：

1. 要非常认真地对待

不管是谁，如果他告诉你想自杀，你一定要认真对待，把它当作百分之百的真实来对待，即便你觉得是狼来了的故事。然后，你可以问下文提供的问题来进行甄别，如果他的情绪已经失控，就需要马上求助专业机构。

2. 表达接纳和理解

真诚关切地问："你一定碰到了让你感到非常难的事情，或者碰到了很难承受的处境，才会让你那么难过有痛不欲生的想法，能不能和我说说？"然后全神贯注地倾听。当一个人心里的秘密和难过有人和他分担，由此感到温暖、支持和理解时，就不容易产生绝望，走上自杀之路。注意：千万不要用你的标准去衡量他遇到的事是否真的难过。

3. 评估危险性

比如问问他："你想好什么时间，在什么地方，用什么方法结束自己的生命了吗？"如果他回答"还没想过"，你就知道，他说想死，是一种痛苦情绪的表达，情况还不是十分危急。你可以继续支持、帮助他，或者帮助他找到可以帮助到他的人和途径。如果他回答说已经有了具体的时间、地点和方法，那情况就非常危急了，就不能再让他独处，需要找心理专业人员或将他送到医院，由心理或精神科医生帮助化解危机。

有许多人用这样简短的对话，帮助了处在情绪低迷中的人。我们敞开的胸怀，接纳、支持、关怀的心，是缓解甚至化解绝望，带给他们希望的暖流。

"只有把自己放倒在地，
我们才能发现自己的价值"

　　我前面说过，抑郁的人其核心信念是自己不值得，没有价值，觉得自己什么都不是，不能接受自己。有的人说，自己简直是人类的一个废物；有的人觉得自己是危险的，是对人有害的，对自己说很多恶毒的话；有的人觉得自己离开也不会对别人造成影响。极度没有自我价值感的人，一般来讲，自杀的可能性很大。

　　有时苦难的确会遮蔽我们的双眼，让我们只看到黑暗，而风雨是孕育智慧的地方，如果我们真的知道了这一点，寻求支持，就没有过不去的坎儿。

　　以下，是我的一位静修生讲述的如何走出抑郁黑洞的故事，我相信可以给身处抑郁困境的你一些帮助。

　　过去很长一段时间，我一直坚信，自杀这件事永远也跟我扯不上关系。我的人生虽然没有经历过太多的大起大伏，但是生死也是见过几回的。我认为我有一种顽强的求生的力量，我对生命的渴望、对世界的感恩，都让我不会放弃这样一份美好。

我会想死？切！鬼才信呢！

可就是这样的念头却在一个风和日丽的日子里到来！

那一天阳光透过我家 11 楼落地的玻璃窗豁亮地照进来，远处的树林和花园都静静的像假的一样，客厅里连钟表的声音都没有。我就坐在沙发上，看着太阳从东边一点一点地爬上来，又缓慢地一点一点移向西方，好像整个世界都凝固了一样，一个冲动突然闪现：从这片豁亮的阳光中，冲破玻璃跳下去，一定非常不错！

我被自己的这个念头吓住了！

长时间的奔波，让工作 16 年的我从来没有停歇过，家里的任何事务也是我独自去扛，感觉自己像穿上红舞鞋的舞者，跟着音乐的节拍无法停止下来。

体力严重透支的我，也没有让自己停止工作，直到一周三次晕倒，被送到医院，等我下决心给自己请了一个月的病假想好好休息时，母亲被查出了癌症，我又开始寸步不离地照顾母亲。母亲还没有好转，我的身体承受不住了，被强迫住院治疗。那一年的夏天，我在医院里度过，天气总是阴沉沉的，像总也盼不到头的黑暗。

经过治疗，母亲的病情日渐平稳，我的身体状况在手术后也恢复得一天比一天好，工作可以自己做主，家里人也越来越支持我，一切终于开始顺利起来，我也可以彻底停下来休息了！可我开始变得不想说话，也不感到饿，每天只想睡觉，感觉好像一千年没有睡过觉了一样。之后，这种沉甸甸的日子让自己失去了对生活的希望，我知道我可能抑郁了。

在经历这段沉甸甸的日子前，如果有人跟我说他很抑郁，我会自以为是地说，你一定是在这种状态里得到了好处所以才不走出来。当好友婚姻出现问题时，我会恨铁不成钢地说，是你自己不想改变，而不是没有路。而当我自己经历过这样一段岁月后，我突然理解了：很多深陷沼泽般的痛苦，看似普通的草地，却是怎么挣扎也挣扎不出来的绝望。

哈佛大学的杰默老师说，"只有把自己放倒在地，我们才能发现自己的价值"。在我参加静观人生梳理（注：静观人生梳理是海蓝博士和海蓝幸福家教练带领的七天止语内观，梳理参与者与父母、爱人、孩子及自己的关系，找到生命中爱的泉眼，从而激发内在更多的智慧、力量、爱和感恩）时，教练跟我说，"带着爱，用心感受你就会知道如何对待自己了。"我嘴上答应着，心里却嘀咕着，"光有爱，能行吗?!"

在过去的一段时间里，出院后的我总是提不起精神，团队教练和一起工作的伙伴希望我快点从坑里出来，家里人更是像热锅上的蚂蚁一样，希望我立刻按照他们的期望去工作生活。我自己害怕就这样抑郁死了，也挣扎出了不少力气，拖啊，推啊，拽啊，踹啊，仍然深陷泥潭不可自拔！就像是误入一个沼泽，越挣扎越下沉。

由于从小被严格管束，所以我指责自己、逃避问题，但结果只是适得其反。我不知道该如何走出来，有时候看着上山的路，拖着沉重的腿，每迈一步都耗费所有的力气，怎么也赶不上前面的队伍，觉得一切怎么如此之难呢！人活着真是难啊！

"人生皆苦"，当这四个字从我的喉咙里哽咽着冲向我的脑袋时，我内心开始对自己有了很深的疼惜，好像有个声音在对我说，"人生已经那么苦了，想睡就睡吧！即使今天睡饱了，最起码人生有一天是按照自己的心意活的！"这句话一出，眼泪夺眶而流，好像我已经等待了它很久，就为开闸的这一刻。

理解自己，接纳自己，竟是如此感动与奇妙，好像有一堵高大的城墙，在我与我之间轰然倒塌了。允许自己停下脚步，不再追赶疾驰的队伍，感受自己筋疲力尽，告诉自己爬不到山顶也没有关系。

眼泪奔流而出，奔流而出的是疲惫和委屈，铺天盖地都是对自己温暖的爱，回忆过去一年的我，过得那么不容易。我已经非常了不起了，这个世界上除了我自己，没有人真正知道我都经历了什么，如果我也逼迫自己，就没有人能跟我站在一起了。

这让我想起一张图，当人在困境的时候，犹如在一个黑暗的洞底，不是用梯子使劲拖 Ta 出来，也不是从后面踹 Ta，居高临下地教育 Ta 要出来，而是走下洞里，试着体会和理解 Ta 的感受，陪伴 Ta 度过这段艰难的时光。

给自己一个拥抱，一句理解接纳的话，这才是给痛苦中的自己最好的礼物！

当我开始接纳自己，给自己的心里种下一股温泉时，我不再急于追求快乐，而是一点一点地陪伴自己，启动生活。静观人生梳理结束后，在教练的引领下，我给自己制订了行动方案，用三个月的时间一点一点地把自己带出沼泽。

这个过程说起来容易，做起来其实非常艰难。我先制订好反拖延症的时间表，让自己先开始行动，即便是起床、洗脸这样简单的小事也要用心对待。之后慢慢由每天完成一件事逐步增加到两件、三件，从写月计划、日计划到规划每个小时做什么事情。

先从力所能及的每一件小事做起，感受身体的承受能力，学着拒绝自己不能承受的；让自己既不完全停下来，又不开足全部马达高速地运转。在这个过程中，会经常有打击自己的声音升起，我会用适合的方法进行理性回应。

当低迷情绪周期性回潮的时候，我学会了告诉自己：亲爱的，行动和工作不要停下来，累了就少做点，学习跟这种情绪相处，允许它存在，而你仍然可以过自己的日子，我会陪着你一起度过。

艰难地把自己从泥沼中拔出来，由此我知道了抑郁的另外一面并不是快乐，而是有活力的生活。

目前，身边也有许多朋友开始受到抑郁的困扰。抑郁已经成为当今世界第四大疾病，全球抑郁症发病率约为11%，全球约有3.4亿抑郁症患者。我知道我并不孤单。

现在，每隔一段时间，生活无望的想法还是会涌现。这时我会告诉自己：是的，我是有这个想法，但是我仍然可以是我自己。太阳依旧每天升起，黑夜也依旧会来临。穿越了黑夜与白天的限制，我可以看到世界本身。

我不再急于挣扎着推开黑夜，拼命地追逐光明，就像德国一句谚语说的，"暗透了才能看见星光"。而我也相信人生中的许多痛苦也是一样，当我们真的不再抵抗，放开紧抓的双手，才可能有机会拥抱世界。

黑夜，给了我黑色的眼睛，我不仅用它寻找光明，更看见了世间七彩的虹。

只要生命在，一切都会改变

经常有人告诉我："我的人生真的已经到了前所未有的低谷，我感到绝望，不能自拔，想离开这个世界。"

我想对所有想用结束自己生命来解脱痛苦的人说，自杀是用永恒的方法解决暂时的问题。事实上，没有人不能承受的困难，只要生命在，一切就都会改变。35年前，我自己就曾多次考虑过是否以死亡结束自己失恋的痛苦。之所以没有采取行动，部分是因为对死亡本身的恐惧，部分是因为对亲人的牵挂，部分是因为对未来的希望。

人的脑子里始终有两个声音，仿佛住着两个观点对立，经常相互辩论、对抗的人，使我们经常纠结。在想到是否以结束生命来化解自己的痛苦时，我很庆幸当时没有听从毁灭自己的声音。

我也曾帮助过无数在生死线上挣扎的人，选择活着是所有人都感到庆幸的事。

任何痛苦，不管在彼时彼刻多么难以忍耐，看不到天日，但一定都会过去，没有例外。生命只有一次，没有任何人、任何事值得用生命去做筹码，最荒唐的想法是"死给他看"。这个世界很大，谁离开都会像过眼云烟。

　　亲爱的，我们只来这个世界一次，好好地活着，别亏待了自己。

如果您想自测抑郁指数，
扫描左侧二维码即可自测。

ter

第五章
Chap

不焦虑的智慧

千万别小看焦虑的危害

焦虑是一种不太受人欢迎的情绪，是一种预感到可能面临不良处境的紧张、担忧和不安全感。它常常不请自来，躲不开，避不了。每个人都在不同的情况下，有过不同程度的焦虑，非常普遍。

人会因为各种各样的事情焦虑。比如，没钱怎么办？会不会生病，会不会死？找不到伴侣怎么办？结了婚对方会不会有外遇？会不会一个人孤独终老，无依无靠？找不到工作怎么办？工作做不好怎么办？领导不喜欢会怎样？和别人相处不好怎么办？孩子成绩不好，上不了好学校怎么办？别人说我坏话怎么办？如此等等。

有的人看到虫子、老鼠会歇斯底里地逃跑；有人害怕开车、坐车、坐飞机、乘电梯；有人在喧闹的人群或环境中，比如逛商场时会莫名地惊慌，有窒息感；有的人觉得哪儿都不干净；有的人出门前会检查几十次煤气是不是关了，以至于经常上班迟到；有的人无论怎样也忘不了过往的悲惨事件，经常触景伤情、噩梦不断；有的人因为害怕与人相处，干脆与社会隔绝甚至闭门不出……

焦虑使人心绪不宁、疲惫无力，有的人甚至寝食难安无法专注于自己想做的事情，结果更加烦躁，严重影响了焦虑者的生活质量。

现代人经常提到的压力，其实也是焦虑的一种感受方式。

并不是只有坏事才会引发焦虑，有时候，太多的好事也会让人焦虑。比如，万一我变成百万富翁，有人想杀我怎么办？在美国，不就有很多彩票的赢家得病或自杀吗？

焦虑使我们无法专注于想干的事

曾经有一位女性每天都在担心爱人发生外遇，因此把大部分时间精力都用来监测爱人去哪儿了，和谁在一起，甚至偷窥他与别人的私密交流记录，结果使彼此的关系越来越紧张。处于焦虑中的她只好用暴饮暴食安抚自己，结果患了糖尿病和心脏病。

焦虑会引病上身，甚至会导致癌症

大量科学研究发现，长期焦虑、紧张水平高的人，容易患心脏病，死亡率也比正常人高很多。焦虑与高血压、肠胃不适、呼吸系统疾病、糖尿病、关节炎、皮肤病、疲劳以及许多其他症状都有关。

长期焦虑甚至会导致癌症。现代医学发现，癌症常发于那些受到挫折后，长期处于焦虑、压抑、沮丧、苦闷、恐惧、悲哀等情绪紧张的人。心理困扰不会直接致癌，但持续的焦虑紧张会降低肌体的免疫力，因此增加癌症的发生率。如果你停下来回顾，不难发现，身边一定有因压力过大而患癌症的人。

焦虑会影响睡眠、生活、学习和工作

长期焦虑会引发失眠，还有人会通过暴饮暴食、烟酒、吸毒、赌博、飙车等方式来缓解自己的压力，使自己的生活变得更加混乱不堪。

焦虑还会影响学习和工作。很多孩子和成人因为焦虑而无法有效地学习和工作，导致成绩下滑、业绩下降，严重的无法学习工作，甚至不能出门，再严重的会导致身体疾患，更严重的甚至会导致自杀。

原宾夕法尼亚大学焦虑强迫症中心的主任艾尔娜·雅丁博士说，美国焦虑症患者的比例是 18% 左右，是抑郁症患者比例的两倍。而且，焦虑症患者人群的比例还在继续上升。大约有 16% 的儿童其未来发展受到焦虑的显著影响。焦虑症患儿在学校会遇到更多的问题（无论是学业方面还是人际交往方面），长大后有心理障碍的概率也要远远高于常人。

焦虑不同于其他不起眼的小病，它是关系到整体健康和福祉的重要因素之一。无论对社会还是个人来说，代价都很大：在美国，焦虑症的整体治疗费用高达数十亿美元；在所有的精神疾病医疗支出中，约有三分之一是用来治疗焦虑的。在国内，焦虑症的人群比例也在不断上升。

我们为什么会经常焦虑

对未来发生的事不可预测，不可控制

人之所以会担忧和焦虑，主要原因是担心自己无法应对未来可能发生的事情。如果我们认为这些事情可以掌控，就问题不大；然而很多人常常认为自己无能为力，无法控制。

没有人愿意担忧和焦虑，但它常常不请自来。所以我们常常听人说，我真的不想担忧，可根本控制不了，不由自主啊！

有两件事我们都不喜欢：一是不可预测，二是不可控制。比如说，每次考试之前，如果你感到自己稳操胜券，就不会焦虑；如果你不知道结果如何，也不知道谁会比你考得更好，就会开始焦虑。担忧和焦虑是信使，它提醒我们预防和准备解决未来可能发生的问题。遗憾的是，很多人以为担忧本身就是解决方法。如果你问他为什么担忧，他会说如果不担忧就没有办法准备好。可如果担忧和焦虑本身就能解决问题，那么当担忧、焦虑时就应该感到有信心、有把控感才对，而事实上，很多人往往越焦虑越烦躁，对问题的解决没有任何帮助。

把担忧和焦虑当成敌人

那为什么在遇到不确定的事情时，我们就会不由自主地被担忧、焦虑的情绪所困扰呢？

这与我们应对不愉快事件的本能反应有关。大多数人碰到不愉快的事就会产生负面情绪，很少有人会把负面情绪当成信使和朋友，常常把它们当成敌人来对待。所以，当一个人在遇到自己把控不了的事情时，会有以下反应：

第一，想方设法逃避，所以焦虑的最常见的应对方法就是各种五花八门的逃避路径；

第二，因为逃也逃不掉，所以继续焦虑，让自己深陷其中；

第三，对抗焦虑所带来的一切感受，努力消灭焦虑的感受。

一种情绪和行为的持续存在，不管我们认为多么无理、不可思议，只要存在，一定有它的道理。担忧和焦虑也一样。

有的人认为，担忧和焦虑是一种激励，能促使人面对并解决问题；有的人认为，担心了事情就不会发生；还有人这样想，担忧和焦虑是一种很好的素质，证明自己有责任感。

但是，如果你认为担忧和焦虑给你带来了诸多好处，你可以继续焦虑下去，只是在继续之前想一想，你的付出和回报之间是否平衡？

你是哪一种焦虑

焦虑基本上可以分为三类

第一类：可以通过具体方法来解决的问题。比如，你欠了房贷、车贷或者别人的钱，可以安排如何一步步把欠款还了。

第二类：是假设可能发生的情况。比如，天花板掉下来怎么办？这种事情虽然有可能发生，但你无法做出任何应对，也不可能一直站在那儿等着它掉下来。天体也可能掉下来，星球也可能相撞，这些问题都不是我们事先能够准备应对的，但我们也不应该成天想着这件事而什么都不做。

第三类：混合型，有确定的部分，也有不确定的部分。比如，出轨、劈腿。我们知道出了问题肯定会有解决办法，但不知道什么时候会出问题。

我们不想面对未知的危险而毫无准备，应对焦虑的核心，就是把不可控的部分变成可控的部分。

要想不焦虑，先了解自己究竟是哪儿出了问题

古人云，知己知彼，百战百胜。首先，我们需要知道自己是否焦虑，怎么焦虑，然后才能想具体而有效的办法去应对。

很多人只是有焦虑的感觉，但不能确切地了解究竟是什么地方不对劲。对他们来说，焦虑就像顶在头上的一片乌云，挥不去、抹不掉、够不着、逃不掉，所以会觉得暗无天日，不知何时是尽头，因而感到沮丧、无助和无力。

当我们能够清晰地看到并定位焦虑，我们就知道如何判断，从哪儿入手解决焦虑，哪些情况可以自己处理，哪些情况需要寻求专业的帮助。

不管什么类型的焦虑，一般都会有身心方面的表现。你可以根据下列清单，对自己的焦虑有进一步的清晰了解。特别是当你感到焦虑的时候，仔细地体会一下，自己的焦虑都包含了哪些成分。

美国心理学家苏珊·M. 奥斯鲁（Susan M. Orsillo）和莉莎白·罗默（Lizabeth Roemer）在他们合著的《正念力打败焦虑》（*The Mindful way Through Anxiety*）中提到，可以从以下四个方面更好地了解自己的焦虑。

1. 思想层面

（1）担心未来不知会发生什么。比如，"单身一辈子，孤独终老怎么办""考试考不好怎么办""老公出轨了怎么办""孩子将来没出息怎么办""生病了怎么办""上厕所时染上细菌怎么办""生不了孩子怎么办""在公众场合惊恐发作怎么办"，等等。

（2）反刍已经发生的事。比如，"我怎么能那么做呢""大

家肯定会很讨厌我或不喜欢我了""我要是不那样对待我的爱人、孩子就好了""我老板肯定对我很失望",等等。

（3）危险的想法。比如，"我会疯的""我要发心脏病了""我要是这么做会有危险",等等。

（4）批评指责自己。比如，"我什么都不行""我真是个蠢货""我是个干什么都拖延的人",等等。

2. 身体层面——观察自己身体上有什么不舒服的反应

a. 心慌；b. 头晕目眩；c. 出汗；d. 呼吸急促；e. 浑身发抖；f. 口干；g. 胃部不适；h. 肩颈酸痛紧张；i. 头疼；j. 不安；k. 胸闷；l. 尿频、尿急；其他。

3. 情绪层面——观察自己的负面情绪是否交混而来

我们焦虑时，一般不只伴随一种情绪，而是几种情绪交叉出现，比如愤怒、悲伤、震惊、厌恶、羞愧等。

4. 行为层面——观察自己的行为有哪些失常

（1）重复性的行为或习惯。比如，咬指甲，抖腿，摆弄头发等。

（2）回避或逃离的行为。比如，拒绝邀请，找借口取消参加社会活动；让别人帮你打电话；为了躲开一座桥、隧道，或一个地方而绕远道；焦虑时用特殊的仪式、动作或东西，以辟邪的名义避之。

（3）分散注意力的行为。比如，暴饮暴食，抽烟喝酒，看电视，买东西等。

（4）企图占上风保护自己的行为。比如，强势与人交流，威胁他人，显示权威，表达愤怒等。

焦虑是正常生活的一部分，许多人都或多或少地存在以上的症状和表现。但总体来说，如果已经影响到了自己的日常生活、工作、学习，以及与人的关系，可以试用本书中分享的方法来进行自我调节。

焦虑并不可怕，可怕的是逃避、对抗和陷入其中

如果你感到自己的焦虑已经对日常生活、工作、学习，以及人际关系都产生了明显的消极影响，那有可能就是焦虑症了。焦虑症会使人的生活质量大大降低，需要专业的治疗帮助，有时甚至需要药物治疗。那么，怎样才能知道自己只是普通的焦虑，还是患上了焦虑症呢？

如果你的焦虑已经明显地影响到自己的生活、学习、工作，或者人际交往，就说明你已经无法通过自己的调节来改善。这时你需要去医院寻求专业的诊断和帮助。不要拖，也不要扛，心灵是我们首先需要关怀的地方。

焦虑症在医学上有清晰明确的诊断标准，世界通用的诊断标准主要是美国《精神障碍诊断与统计手册（第五版）》（DSM-5），中国使用的是《中国精神障碍分类与诊断标准》（CCMD-3）。好消息是，焦虑症在绝大多数情况下都可以疗愈，而且效果非常明显。

许多人一听精神疾患就会非常害怕，唯恐避之不及，甚至讳病忌医。其实，人是身心合一的整体，我们的身体会生病，心理当然也会生病。焦虑和抑郁都没什么可怕的，就相当于心理患了感冒，只要及时诊断治疗，就可以好转了。

从某种意义上说，我认为身体的疾患更可怕，因为大多数精神疾患都可以痊愈或好转，而很多身体疾患却没有归途。

事实上，最可怕的并不是我们是否有抑郁或焦虑，而是我们的逃避和对抗将我们引入了深渊。随着心理和神经科学的发展，现在有了更多的方法帮我们走出困扰。病症本身并不可怕，可怕的是无知、逃避和对抗。

每一种焦虑症都有自己独有的特征

对于普通人来讲，了解一下焦虑症有哪些，对人对己都会有帮助。一般来讲，心理学把常见的焦虑症分为 6 种，每一种焦虑症都有自己独有的特征。不同的焦虑症，治疗方法也不同。想强调的是，如果你有如下症状，需要去医院就诊。

1. 慢性焦虑症（广泛性焦虑症，Generalized Anxiety Disorder, GAD）

慢性焦虑症表现：在没有明显原因的情况下，对各种事情经常出现与现实情境不符的过分担心、紧张害怕。

一直处于紧张不安、提心吊胆、恐惧害怕、坐卧不宁、忧虑烦躁的内心体验中，通常身体也会出现诸如胸闷、心慌、失眠、肌肉紧张、肠胃不适等问题。

2. 急性焦虑症（惊恐发作、惊恐障碍，Panic Disorder）

急性焦虑症表现：在正常情况下几乎跟正常人一样，然而一旦发作，便会突然出现极度恐惧、心慌、呼吸急促、眩晕、出汗、颤抖等，有濒死或失控感。

这种情况极易误诊，患者在发作时往往拨打"120"急救电话去看急诊。急性焦虑症患者尽管在发作时症状很重，通常会严重限制人的社会活动范围和意愿，但是相关检查结果大多正常。

3. 强迫症（Obsessive Compulsive Disorder, OCD）

强迫症表现：患者的脑中会反复出现让自己困扰的想法和画面。比如，经常怀疑煤气灶没关、门没关，害怕自己被弄脏、要失控，会强迫自己反反复复检查、洗刷等。我曾经遇到一名男子，他无法在家里或单位使用便池，只能在旷野大便。随着城市的建设和发展，旷野越来越难找，他经常因为找地方大便而请假旷工，这严重影响了他的工作和日常生活。

4. 社交焦虑症（Social Anxiety Disorder, SAD）

社交焦虑症表现：患者害怕被他人评论，特别是在社交场合。比如，需要做演讲，参加聚会或会议，在公共场所用餐等等，在这些场合，患者会极度紧张，经常采取躲避或取消的方式来回避参与。

5. 创伤后应激障碍（Post-Traumatic Stress Disorder, PTSD）

创伤后应激障碍表现：这是一个人在经历某种生命威胁或伤害后所出现的过度恐惧。比如，遭受强奸、身体暴力、严重交通事故，经历自然灾害、战争等。患者经常做噩梦，容易触景伤情、愤怒、紧张和高度警觉，并极力逃避各种可能引发回忆的情形。

6. 特定对象恐惧症（Specific Phobia）

特定对象恐惧症表现：患者会对某种特定动物、事物或情景感到恐惧，如飞机、电梯、深水、昆虫等。这种情况一般都与过去的创伤经历有关。

面对焦虑我们该怎么做

焦虑不是我们的敌人，而是提醒我们未来可能会遇到困难和危险的朋友。所以，当你出现焦虑问题时，请停下习惯性的本能反应，接受焦虑所带来的一切思想、情绪和身体方面的反应，就像接受一个朋友带来的礼物一样，不逃避，不对抗，静静地感受自己的各种反应。当我们转换了自己对待焦虑的态度时，焦虑自然就会降低很多。

改变想法——人闲下来，一般都不会想好事

哈佛大学杰默老师的《不与自己对抗，你就会更强大》(*The Mindful Path to Self-Compassion*)一书中介绍了对人脑功能的研究发现：人的大脑有一个部分叫作默认模式网络(Default Mode Network)，位于头部从前到后的正中间，在专注做事的时候不活跃，但在休息的时候特别活跃。它的主要功能有三个：(1)形成自我意识；(2)反思过去，担忧未来；(3)寻找问题。

也就是说，人脑的默认状态就是各种担忧。所以，人闲下来，一般都不会想好事。

有个非常成功的企业家跟我分享了他的故事：他有几天感到恶心，不想吃东西，肝区疼痛，想起他有位朋友也是一开始有这些症状，去医院检查发现是晚期肝癌，没过多久就去世了。他上网去查相关信息，越看越觉得自己像是晚期癌症的症状。看完信息，两腿发软，想着自己一直拼搏，从未停下脚步好好享受生活，也没有好好陪陪爱人和孩子，心中无限悲凉和悔恨。

正值深夜，不想惊动家人，勉强扶着墙站起来，慢慢走到已经睡熟的妻子和孩子面前，仔细地看了看他们，心里想的是自己不久就要离开人世，该如何安排一系列后事。第二天是星期天，也不能去医院，他完全没有力气起床，就在床上躺了一天，也没吃任何东西。怕家人担心，他也没有告诉家人，只说可能是感冒了。

周一，他让助理陪他到医院做 B 超检查，闻到楼下小笼包子的味道觉得很恶心。因为腿软不能上楼，助理把他背到了 B 超室。医生检查时说，里面有好几个呢。他听后觉得彻底完了，意思是转移了呗。然后，医生说是胆囊里有几个小石头，其他没有什么。

他听了不敢相信，问医生："你是说，我的肝里没长东西？"医生确定地说"没有"，又调侃道，"你希望有东西？"他拼命摇头说："不要不要。"然后，他突然也不知哪儿来的力气和精神，从床上跃身而起，穿好衣服，顿时觉得肚子很饿，自己冲到楼下，找到之前闻到气味都恶心的小笼包子店，点了两笼包子，全部吃光。他告诉我，当时他所有的症状全都没有了，可之前真的自己差点把自己吓死。

知道了担忧、焦虑、害怕、恐惧是人的默认状态，尤其是在没什么事做、左思右想的时候，更容易没事找事自己吓自己。所以，应对焦虑的最有效方法是：行动！

行动时，我们没有时间胡思乱想，而且不管怕的是什么，都需要通过行动来化解。记得世界管理学之父彼得·德鲁克的关门弟子詹文明老师说过一句话："行动治愈焦虑。"的确如此。

疗愈焦虑的有效方法——暴露疗法

前面说过，我们之所以会担忧焦虑，是因为害怕未来发生的事情对我们不好，或者无力把控。因为我们太害怕了，就不敢细想。所以要想正确地应对焦虑，第一步是确定会发生什么不好的结果；第二步是想解决方案，使不可控的部分变为可控或相对可控。

对一个正在担忧焦虑的人，如果你告诉他别焦虑，别担心，这是毫无用处的，因为他可能已经对自己说过成百上千次这句话了。有时候，告诉他改变想法，他也做不到，因为担忧的人会问无数个"万一呢"之类的问题。所以，我们还得有具体可操作的方法。

到目前为止，我认为最好的方法是暴露疗法加静观自我关怀。关于静观自我关怀，我们会在第七章进一步介绍，这里主要分享暴露疗法。暴露疗法的目的是解决导致焦虑的根源——不确定和无力感。我们先从认知上确定会发生什么，发生了以后怎么办。可以说，暴露疗法对于应对焦虑还是非常有效的。

我们先一起来了解一下暴露疗法解决问题的原理。在遇到不论是现实还是想象中的恐惧场景时，我们的大脑都会把它们视为危险情况来反应。在这种情况下，大脑的报警系统被激活，会迅速采取应激反应。

我们的应激反应方式分为三种：逃离、对抗和僵住。无论哪种方式，这个时刻负责我们理性思维的大脑基本停止工作。这个时刻的记忆都是片段化的，就是以画面、声音、味道、触觉等形式记忆在大脑中。在事件过去之后，一旦有类似的画面、声音、味道、触觉，或者其他类似的场景出现，我们的大脑就会自动标记为危险，并再次激发我们的痛苦感受。

暴露的方法对很多焦虑都很有效，这里介绍两种暴露疗法：

1. 现实暴露疗法

所谓现实暴露，是在条件允许的情况下，让人再次真实地置身于发生痛苦的场景。

这时，痛苦发生时刻的很多感受和记忆会被再次激活。我们通过停留在这样的场景中较长的时间，让自己的身体和大脑确定那些真实的危险以及危险的程度，从而能够面对真实的世界，不被过去的创伤激发出超出现实的反应。

我们可以根据现实来制订计划。例如，如果你的孩子害怕游泳，你可以让孩子先在游泳池走走，再坐在里面，然后你去教他游，让他戴上游泳圈，最后在都准备好的时候，让他摘下游泳圈尝试自己游泳。

现实暴露也是治疗创伤后应激障碍（PTSD）的有效方法。

比如地震后，很多孩子不敢进教室，不敢上楼。我们让他们先在离教室一定距离的地方站着，等到 Ta 不感到害怕的时候

（恐惧程度0～10，在3以下），慢慢走近楼梯，等不害怕了，再上下楼梯多次，然后再进教室，直到不再害怕为止。我们在汶川及雅安地震救援时，用这个方法帮助了很多师生。

记得在青少年抗挫力训练营里，有个男孩非常怕蜘蛛，几乎到了见到蜘蛛就会晕厥过去的程度。于是我们带他去现实暴露。刚一看到蜘蛛，他就坐地上了，说两腿发软。我让他别逃跑，继续盯着蜘蛛看，一会儿他就不太害怕了。然后我让他对自己说，"只要不去碰蜘蛛，我就不会受到伤害，我是安全的。"再继续看，他发现蜘蛛正在非常忙碌地捕捉陷入网中的虫子，享受自己的大餐，根本没有看到他的存在，他觉得很好玩。

就这样，他一步步消除了对蜘蛛的恐惧，并兴奋地体验到不再害怕蜘蛛的自由。

2. 想象暴露疗法

还有一个有效的方法，就是想象暴露。

想象暴露的机制就是，通过回忆再次回到痛苦的场景中。这个时候，曾经以图片、声音、味道等形式出现的片段记忆会在大脑中被再次激活。我们通过比较长的时间停留在这样的时刻，可以让大脑有足够的时间对那些片段记忆进行处理，进而对痛苦的记忆场景有个全面的认识，能够分辨出哪些是现实的危险，哪些是想象的危险。最终，我们的身体和情绪的反应在这个过程中得到了梳理，思维和记忆也得到了重新修正，从而帮助人放下恐惧和伤痛。

人会担忧的生理学基础，是人富有想象力。我们在想象中，给自己预设或编造了各种可怕、恐怖的故事，使自己心神不宁。

想象使我们担忧焦虑，想象也可以使我们不再害怕焦虑。

所谓想象暴露，就是把你担忧的东西进一步扩大，比你想象的结果还糟糕、还恐怖。当你一次又一次地在想象中看到自己害怕的景象时，就像看一部恐怖电影一样，看第一次很害怕，看几十次就没有什么感觉了。

记得一次在电视报道空难事件后，我女儿低头不语。我问："宝贝，你在想什么？"她抬起头来，满脸都是泪水。她说："万一哪天妈妈你没有了怎么办？"边说边号啕大哭起来，宛如已经身处我的葬礼上了。

我说："宝贝，妈妈好好地在你身边呢！"

她显然已经陷入了极度的悲伤情绪中，继续哭着说："可是我没有了你我怎么办呢？"

我把她揽在怀里，抚摸着她的头，亲吻着她的脸，柔声地对她说道："宝贝，妈妈知道，你非常非常爱妈妈，都不敢想象如果有一天妈妈离开了，你会怎么生活。所以你一想到没有妈妈就非常害怕，是不是？"她一边哭一边点头。

说实在的，我也无法想象如果有一天母女分离，我将会怎样的心碎心痛。女儿的哭泣，也激发了我内心深处的很多难过和酸楚。但我也清楚地知道，人生无常，唯一可以确定的是早晚有一天，我们母女会面对彼此分离的永诀，这就是生活。如果能让女儿早些准备，也是件好事，这样万一意外发生了，她有过准备，也不至于因为太过突然而痛苦不堪。

于是，我一直等待怀中的女儿在抽泣中慢慢平复了一些，才问道："如果妈妈真的没有了，你会怎么样？"

她想了一会儿，眼含泪水地说："开始我会非常难过，以后我会继续好好生活。"

我问："你准备怎么继续好好生活呢，宝贝？"

她答道："好好学习工作，爱爸爸，等有了爱人，和爱人一起好好生活，就像你爱我一样爱我们的孩子。"

听到这儿，我从女儿的语气和神态中，感受到了平静和力量，我的心里也有了一份踏实。然后我继续说："宝贝，你知道，你是这个世界上妈妈最爱的人。不管妈妈的身体在哪儿，去了哪儿了，妈妈的心和灵魂会一直永远地爱着你，陪伴着你。无论你在哪儿，闭上眼睛，妈妈就会出现在你面前。妈妈会拥抱你，亲吻你，就像现在一样。你也可以随时随地和妈妈讲话，你也会知道妈妈会对你说什么。最重要的是，你要永远记住：像妈妈一样爱你自己。"

女儿听罢，泪水涟涟。但我可以确定，当她再有"万一妈妈离开"的想法时，不会再像今天这样恐惧难过。

如果你因过度追求完美而焦虑

过度追求完美的人为什么焦虑

还有很多人因过度追求完美而担忧和焦虑。这和他们自身的能力、条件与收入无关，主要源于对自己的不确定，以及害怕别人的否定拒绝。

小微是一家世界五百强公司的高管。她收入可观，社会地位稳固，爱人出身名门，孩子聪明伶俐，一切看上去都很完美。可她却说，自己经常从梦中醒来，觉得心很空，非常不安，有种莫名的担心和恐惧。

她到底在焦虑什么呢？仔细探究，是对自己的不确定和不自信，她过度追求完美。她总爱与别人比较，一会儿自得，一会儿自卑，于是越比越没有信心。她生怕别人发现她其实没有看起来那么好，生怕自己所拥有的一切有朝一日会烟消云散。

因此，她拼命工作，努力使自己看起来更完美。在外人看来，她是许多人眼里的完美女神，爱人帅，孩子棒。但只有她自己知道，自己其实非常敏感、脆弱、易怒，和身边人常有摩擦，爱人常发火，孩子爱哭闹。她觉得孤单、焦虑、无助。

追求完美的目的，不是他人的肯定和褒奖

人需要保持一定水平的焦虑，这种焦虑可以产生能量，促使我们改变现状、追求卓越。正是那些不断追求完美的人，让我们这个世界也变得更加完美。

如果追求完美的结果使你更加靠近自己的梦想，成为自己喜欢的样子，你可以在这条健康快乐的路上继续追求；如果追求完美的结果使你筋疲力尽，感到孤单、焦虑和无助，那就说明需要调整。

如果你追求完美的目的是做一个精益求精的人，一个负责的人，这是一种对生命品质和价值的追求，让自己的人生过得精美和不粗糙，值得夸赞。但如果你追求完美的主要目的是为了得到他人的肯定和赞赏，那就会充满焦虑，因为结果没有掌握在自己手里。

既然焦虑是因为不确定性和不能把控而产生的，那么如果我们把不确定的部分确定了，把注意力放在自己可以把控的地方，焦虑的使命就完成了。

一个人如果将把控权交给他人，便打开了焦虑的按钮。记住，这个开关其实一直在你手里。

压力越大，成就越大吗

许多人认为，人无压力轻飘飘，井没压力不出油。他们觉得压力越大，成就越大。其实，人需要压力，但更需要平衡。

心理学家对压力和效率的研究中发现，压力和效率的关系是一个倒 U 形曲线，适度的压力（焦虑）水平能使效率达到最高；当你没有什么压力，也就没有努力的动力，生活就会陷入比较无

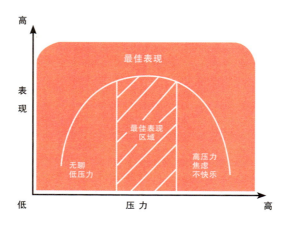

聊的状态；当你压力过大，就会形成过度焦虑，最后只剩压力而没有了动力。所以，掌握好平衡很重要。

而上面故事中的小微，为了把事情做到尽善尽美，她非常忙碌，一直忙到丢了自己，也忘了家庭，这就失去了平衡。

那么如何才能平衡呢？一个人在追求尽善尽美的过程中，努力的程度以不影响自己的日常生活，不影响自己的情绪、身体、注意力，以及重要的人际关系为边界。

当焦虑带来的是动力时，完美做事和生活会充满干劲，不知疲倦；当焦虑带来的是压力时，就会心烦气躁，疲惫无力。

如果我们能够每天给自己一段静观的时间去回顾和反思，就很容易发现和觉察自己是否失衡，也就能够及时调整。而生活中有太多的人，早已和自己的思想、身体失联，直到生病住院才发现自己失衡已久。

完成比完美更重要——献给患有拖延症的你

许多人学习、生活、做事，一切都追求完美，但过程中反而经常拖延。

在读研究生的慧慧是一个有严重拖延症的人。如果你问她为什么拖延，她会说因为对自己写的东西非常不满意，所以一拖再拖。

不管你在做什么，如果方向没有太大的问题，那么最重要的是首先保证完成所需要的步骤，然后再不断地完善，把注意力放在如何把事情做好上，而不是做不好别人会怎么看。

过度追求完美的背后，一般是恐惧。完美有不同的层级，问心无愧、竭尽全力了，就是一种完美；完成比完美重要，完成本身也是一种完美。

上面故事中的小微，当她知道自己追求完美主要是为了讨得他人的肯定、认可，所以导致身心疲惫时，她学会了不再那么执着地去追求完美。最重要的是，她发现人要做由心而发的事情才会真正快乐。至于所做的每件事，完成比完美重要，只要尽力而为，就给自己打满分。

她开始尝试着这么做，内心感到了极大的轻松。当然，有时候还是不免陷入害怕别人否定、导致自己成为被抽的陀螺的焦虑。但她学会了如何静观自我关怀，如何放下焦虑，所以她无助和焦虑的时候越来越少，终于走上了一条越来越自由的路。

在我们的生活中，有太多的人过于关心别人的要求，却从未关怀过自己。接纳自己的不完美，即使偶尔做错事、说错话，那也是完整自己的一部分。这时候，我们需要的是在难过时关怀自己，而不是责难自己；接受完整的自己，而不是要求完美。

让我们一起在放纵和自律之间，找到成长的平衡，不是自我挫败，也不是纵容放弃。

Chapter 5
不焦虑的智慧

因为目标设定太多而焦虑怎么办

确定可以实现的目标

小悦是一位老师，她总是喜欢给自己设定很多目标。她随身携带着一个小本子，上面写满了各个方面的目标和计划。比如，职业目标，和父母的关系，和孩子的关系，亲密关系，还有和自己的关系。每一个关系，她都希望十全十美。任何一个方面做不好，她都会特别焦虑，就好像手中同时玩着好几个球，总在担心哪个球又要掉下来，感觉来不及了，接不住了，总是处在一种紧张、高压的情绪之下。

其实，我们每一个人在生活中，最多同时"扔两三个球"就很了不起了，因为我们不是杂技演员，没有人能够同时抛起10个球，而且每个球都能接住。

我问小悦："设定这么多目标，对你有帮助吗？"

小悦说："没有帮助，因为经常实现不了，使我经常陷入焦虑紧张，感到无力、无助、无望。"

"既然对你没有什么帮助，为什么还这么折腾自己？"

"因为我想让自己进步，变得更好。"

"那你变得更好了吗？"

"我觉得还是有的，但过程中我一直非常紧张，感觉很累，很焦虑，有时候很无助。"

"那你对结果满意吗？"

"不满意。"

每当小悦完成一个目标，就会马上给自己制订更大的目标，因为她总是看到别人比自己强，比自己好的地方，觉得如果不努力，就会被人否定，被社会淘汰。

事实上，障碍住小悦的地方有三点：

（1）目标太多。

（2）目标很高，超越自己现有的资源和能力。

（3）用自己所短比他人所长。

如果你也和小悦一样，可以看看自己的焦虑究竟从何而来，是目标太多、太高？还是无视自己的进步，与他人比较？

分清楚什么是重要的

生活中有很多诱惑，也有很多我们想做、想要、想体验、想完成的东西。但生命有限，没有任何人能够同时做很多事，每件都能做好。其实，人的一生能够把一件事做好就不容易了。

的确，有很多人才华横溢，琴棋书画无所不通。我们最好问问自己：现在和将来对我来说，什么才是最重要的？

小悦看到她的朋友会写书法很羡慕，看到她的朋友会画画也非常想学。学书法、画画本身都非常好，可是你要问自己：这对我重要吗？如果不重要，为朋友们的收获高兴就行了。

世界就是这样，我们不可能在所有的地方都做得最好，所以需要把注意力放在自己喜欢和擅长的地方。

我非常羡慕会开车的女司机，每当看她们开着车不慌不忙穿梭在互不相让的路上，我都自愧不如，因为我都不敢开车上路；还有许多人看后哈哈大笑的漫画，我看到却毫无感觉，莫名其妙；还有很多诗词，我觉得很深奥，难以理解。在这些时候，我也曾想过要不要学学如何看漫画，如何读懂诗词，省得错过很多美好的体验，也不显得自己无知，缺乏素养。

可是需要做的事很多，时间非常有限，我得选择。所以，我决定把全部精力用在我认为最重要的事情上：传播放下痛苦、提高幸福力的方法。接纳自己有时看不懂漫画、读不懂诗词的遗憾和尴尬。

选择使每个人的人生不同。

上天对每个人最公平的地方就是，每个人每天都只有 24 小时。怎样选择就会有怎样的命运。选几样对你来讲最重要的事，然后就全力以赴去达成。每个人能够同时关注和专注的事，其实很难超过三件，对很多人来说，只有专注做一件事才能做好。有的人非常羡慕可以同时做很多事的人，然而现代科学研究发现，同时做很多事的人，其实效率非常有限。

怎么知道自己的目标太多了？

（1）当你在完成目标时，充满焦虑，没有平静、愉悦的体验。

（2）你的衣食住行变得不规律，睡眠受到影响。

（3）感到很忙碌，但没有效率。

（4）在与人相处、打交道时，变得烦躁，容易与人发生矛盾。

如果出现以上情况，你就知道自己定的目标太多了。

我们完成目标的目的，是想让自己的生活变得更加美好。如果目标本身变成了痛苦的来源，不是自找麻烦吗？

一个目标一个目标去完成

如果用爬山来比喻，我们不可能同时爬几座山，要先选定爬哪几座山，然后选择先爬哪一座山，然后设计路径，开始行动。想一步登到山顶是不可能的，得一步一步走。

目标建立后，一个一个地完成，哪怕前进的步子很小，完成得不多，只要有方向，在路上，心就会踏实。

我们爬山的时候，肯定不会闷着头一直爬到山顶，会停停走走。停下来，一是为了欣赏风景，二是为了休息，并集聚继续前行的力量。很多人的人生就是一场急速想爬到山顶的旅程，结果没有看到生命的风景。很多时候，因为身心疲惫根本就没有达到山顶，即便到了山顶，也只看到了山顶的风景，回头望去内心空荡，因为没有被沿途风景充实。所以看似实现了很多目标，但却会觉得不值得。记得我不止一次地听到在别人眼中的成功人士说："我一切都有了，就是没有快乐和幸福。"

这种能力，也叫专注力。当一个人能够真正专注地做一件事时，是不会感到焦虑的。焦虑是当我们把关注点放在未来可能发生的损失时才会出现。专注力需要反反复复地修炼，开始可能会不习惯，但没关系，只要一次又一次地练习，你焦虑的时间会越来越短，发生的频率也会越来越低。

过程才是快乐的真正所在

很多人只追求目标的结果，忘了追求目标的过程才是快乐和幸福的真正所在。结果即便实现了预期的目标，愉悦的感受也是稍纵即逝，有时会有一种失落和不值的感觉。未来是一种虚幻，其实，在我们的生命当中，没有过去与未来，只有当下。当下好，生命中就多了一刻美好；当下焦虑，生命中就多了一刻不安。

所以，制订目标的另一个重要维度是：在完成目标的过程中，你感到充实、平静、愉悦吗？

试着像对待最好的朋友一样对待自己

很多人完成了目标就匆匆赶路，就像收获了玉米之后，都没煮一根尝尝，就忙着种白菜了。

许多人完成目标后，就开始盯着各种不完美、不完善、不如意的部分，纠结于各种遗憾、后悔之中，对自己批评不满。

如果你也是这样，想一想，如果你的朋友经过刻苦努力，实现了某个目标后，尽管有些缺憾，你会对 Ta 说什么？你会指责、批评 Ta 没有做到的部分，还是会为 Ta 的努力点赞、肯定，赞美 Ta 取得的成绩？如果有不完美的地方，我们会不会支持、鼓励 Ta？

我们往往对朋友很宽容、很友善，对自己很刻薄。

那么，我们是不是也可以试着像对待最好的朋友一样对待自己？

要比就和自己比

人之所以给自己制订许多目标，是希望自己成为佼佼者。而成为佼佼者的动机，是希望得到别人的肯定、欣赏和认可，换一句话说，是害怕被否定，被看不起，没面子。所以，人总是喜欢与别人比较。

很多人认为，与人比较会给我们带来前进的动力。然而更多时候，比较带来的并不是完善自己和成长自己的动力，而是对自己的否定、批判、自卑，以及内在力量的损伤和消耗。

还有的人比较的目的只是为了证明自己。当你想在别人面前证明自己时，你已经走上了讨好别人的道路。讨就是乞讨，一个乞丐的心态，不论得到的是什么，都不会有由心而发的自由、满足和尊严。

的确，人生活在一个充满比较和竞争的世界，无法躲避。而我认为，我们在这个世界立足的根基是自己所拥有以及创建的一切。所以，要比就和自己比。问问自己：今天有没有比昨天进步？明天我可以实现的目标是什么？今天我需要做的是什么？然后全力以赴去行动。

你用来与他人比较的每一分钟，都是失去创造自己价值的时间。日积月累，就会离自己的梦想越来越远。每个人都独一无二，自己是雏菊就把自己变成一朵最绽放的雏菊，不需要把自己变成牡丹和玫瑰。想想看，如果这个世界只有牡丹和玫瑰，该是多么苍白而寂寥。

如果你的焦虑有强迫性倾向

不要自己吓自己

有一天，一位叫珍珍的女士带着焦虑和恐惧找到我们。她眉头紧锁，脸上布满了乌云，说："老师，我真的非常非常焦虑！"

我问她发生了什么。

她说："我害怕脏，所以我非常害怕去公共场所。如果不得已在公共场所，我会尽可能地站着，因为我觉得椅子、凳子都很脏。如果不得不坐，我回家后就会马上洗衣服，所以平均每天要洗两三次衣服。正因为如此，我很少参加各种聚会，我怕别人知道我有病，所以越来越孤独。"

听完她的讲述后，我问她："如果脏了会怎么样？"

"我会得病。"

"然后呢？"

"我会死。"

我问她："在这个世界上，每天有多少人坐在公共场所？"

她说："不计其数。"

"那有多少人会因为坐在公共场所而得病致死？"

她说："虽然很少，可还是有啊！"

我又问："那是每天开车出事故的概率大，还是坐在公共场所得病而死的概率大？"

她说："开车。"

"那你开车不感到害怕，却害怕坐在公共场所的凳子上？"

她羞涩地笑了。

我又问："你知道究竟是什么导致一个人生病吗？"

她说："细菌病毒。"

我说："那为什么感冒病毒流行时，同在一个地方，同样接触到病毒，并不是每个人都生病呢？"

她一脸困惑地望着我，说不知道。

我说："其实，决定一个人是否生病的最重要因素，是一个人的免疫能力。而现代科学验证，压力和不良情绪会使身体的免疫力下降，从而容易得病。也就是说，你的极度焦虑才是你生病的最大危险因素。所以，如果你生病了，就是凳子引起的吗？"

她说："我也知道自己的想法不合逻辑，可是没有办法改变。"

我说："有改变的方法，但需要你做不同以往的事情，想不想试试？"

她说想。

我告诉她："现在，你坐一下现场的凳子（大概有二十几个），而且今天回家不能洗衣服。只是和自己不舒服的感觉待在一起，接纳自己的不舒服，不与自己对抗，也不试图改变。就像科学家一样，只是静静观察、呼吸，体验自己的感受，行动前问问自己，这样做是帮自己还是伤自己，不管舒不舒服只做对自己有帮助的事，看看会发生什么，可以吗？"

她说："可以。"

我又问："你是一个信守承诺的人吗？"

她说信誉对她很重要。

"那么，你答应的事都会做到是吗？"

"是的。"

"那我们一言为定！"

第二天，我问她昨天回去后感受如何，怎么做的。她说，她没洗衣服。开始时，极其难过焦虑，浑身不自在，有种强烈的想洗衣服的冲动，但想到自己的承诺，也非常想改变，就用我教她的方法，静下来体验自己身体和情绪的不舒服。慢慢地，焦虑的感受开始下降，身体的紧张也在下降。尽管非常不舒服，非常难，但她还是做到了，说明她有能力改变自己，她为自己的努力感到欣慰。

接下来的几周，我让她带着觉察，继续坐在公共场所的椅子凳子上，同时告诉自己：成千上万的人坐在公共场所的凳子上，得病的概率很低，其实我是安全的。然后感受自己的体验，定位焦虑的情绪在身体的什么部位，把温暖舒服的呼吸带到那个部位，持续呼吸，直到缓解。

几周后又见到她，她说好多了，虽然坐在公共场所的凳子上，仍然没有达到舒服的程度，但已经没有强烈的焦虑，也没有马上回家洗衣服的行为，参加社交活动也变得容易了。特别是这段时间尽管坐了很多公共场所的凳子，却并没有生病，给了她极大的鼓舞和信心。因为实践证明，她之前的想法不太靠谱。

所以，如果你经常感到恐惧焦虑，那在感到恐惧焦虑之前，一定是有一个想法和危险有关。而这种可能有危险的想法已经成为一种自动化、习惯性的想法，你甚至全然不觉，所以会被它控制。

这位女性非常害怕坐公共场所的凳子，听起来不可思议。她其实不是怕脏，而是怕死。她把坐公共场所的凳子和死亡画上了等号，这是她焦虑和强迫性行为的原因。

所以，如果你也有强迫性的想法或行为，并严重影响了自己的生活、工作和人际关系的话，建议去医院找精神科医生就诊治疗。不要认为看精神科医生就是一种耻辱，一个人能够从心理和精神层面关怀自己，是一种进步，也是对身体疾患最好的预防。太多的人只关注身体，不关注心理，而实际上，许多身体疾患都是由情绪产生。如果不太严重，可以结合上面的案例，尝试以下方法，看看是否有所帮助。

（1）当感到恐惧焦虑时，问问自己究竟怕什么？

（2）你的想法符合现实逻辑吗？

恐惧焦虑的源头是思想，当你能更清晰地看到问题的所在，就知道从哪儿开始改变，如果不改变想法，就没有机会去改变。过度恐惧焦虑，是因为我们在大脑里给自己编了一个恐怖的故事，而并不存在于现实中，也就是自己吓自己。所以，我们要看清楚是否自己吓自己。

改变习惯性想法

当你有强迫性倾向的焦虑时，首先要知道自己对自己说了什么，然后学会慢慢让它消失。当然，自动化想法不可能一下就改变，但随着不断地学习和练习，出现的强度会越来越弱，频度也会越来越低。你就会更快地意识到对自己无益的自动化思维，意识到以后，就能够做出利人利己的选择和行动。

其实，我们很多的烦恼都是我们想出来的。行动治愈焦虑，所以意识到以后，行动就行了。

在上面的案例中，珍珍害怕坐公共场所的凳子。我们知道她夸大了这些凳子可能带来的危险，几乎到了令人难以置信的程度。她需要在现实的印证中改变她那种不合理的想法。所以，我让她有意地坐在公共场所的凳子上，通过亲身体验发现，坐凳子并没有她想象的危险。

困扰珍珍的一个强迫性行为是：她每次不得已坐了公共场所的凳子后，都必须马上洗衣服，有时一天得换好几套衣服。她希望能像大多数人一样，而不是被自己的反应控制。所以，改变这种情况的方法是：当她坐了公共场所凳子要换洗衣服时，克制自己马上换衣服、洗衣服的冲动行为。不换不洗，和自己的不舒服待在一起，看看会发生什么。经过反反复复的练习，就会减少焦虑，有更多的自由感。

一个习惯性反应是多年重复累积的结果，改变也需要时间，因此需要足够的反复练习才能达成。

如果你总是担心失去或错过什么

你的生活被"朋友圈"绑架了吗

有许多人别人干什么，自己也跟着干什么。当被问及为什么要这样做时，Ta 会回答：万一我错过什么呢？

比如，有的人听说别人送孩子去学芭蕾，自己也送孩子去学；还有的人听说别人买了什么，去了哪儿，做了什么，见了谁，看了什么，就会因为自己没有赶上或参与而后悔不已；还有更多的人因为害怕错失机会或信息，每天花大量时间去看微信、微博、电视，无法拒绝任何邀请，什么聚会都参加。

英文里有个词叫"Fear Of Missing Out"，简称"FOMO"，也就是错失恐惧，描述担心失去或错过什么的焦虑心情，也称"局外人困境"。

在日新月异的社交网络和社会活动中，我们日常生活中的决策、情绪及情感都在受周围人或信息的影响。尤其是手机中各种不断的信息提示、朋友圈的分享，好像他人的生活都很美好，而自己却成为他人幸福时光的旁观者。我们在羡慕、嫉妒、自愧不如的同时，常常会有错失的惶恐与焦虑。

由于人的生存本能，我们常常会有一种与生俱来的担心被落单的恐惧。哺乳动物是靠群居而确立安全感的，所以在我们的内心深处，总会有一种怕错过的焦虑和恐惧。我们会不停地看微信，刷微博，关注好友动态和朋友圈对自己信息的反馈。这种潜在的担心，使原本平静的心变得犹豫茫然、患得患失、烦躁不安。

在社交网络越来越发达的今天，实时在线、与人互动几乎成了一种生活方式。现代社会"信息爆炸"，很多非常诱人的信息让人难以舍弃，害怕错过。但也有很多信息不但无助于我们的日常生活，还制造了焦虑，同时也消耗了我们大量的时间和精力，拖延我们原本的计划，从而产生更多的焦虑。

许多人被担心错过的焦虑所绑架。而人生一定会有很多错过，所以怎样选择很重要。那么怎样才能减轻错过的焦虑呢？

当你什么都怕错过时

我们之所以害怕错过，是因为不知道自己究竟想要什么。当你什么都想要，什么都怕错过时，说明你并没有真正地了解自己想要什么，什么对自己更重要。

我经常收到各种聚会、合作、饭局和讲座的邀约，有时也会很纠结：去吧，时间真的不够用；不去吧，别人会不会觉得我要大牌？还有，万一错过什么重要机会呢？每当这个时候，我都会问自己，究竟什么才重要？这个邀约和我认为重要的事情有没有关系？如果有就接受，没有就婉拒。当然，被拒绝的人一般都不会很爽，有的还会略有微词。但这就是生活，所有的选择都有代价。汪国真有句话说得好：既然选择了远方，便只顾风雨兼程。

　　一般来说，选择难有两个原因，一是不知道自己究竟想要什么，二是害怕顾此失彼，所以花费了大量的时间来纠结和犹豫。这就像一个人在山脚下，一直纠结该上哪座山，结果哪座山都没上去。如果你了解自己的需求和目标，那就选择有利于实现目标的方向；如果暂时难辨利弊，就果断地选择其中一个，并在选择后集中精力投身于目标，使它在行动中成为正确的选择。

错过的都是该错过的

　　不管我们怎样选择，因为时间有限、精力有限，总会有错过的部分。从来就没有十全十美的选择，错过是生命的必然部分。许多人会沉湎于错过的人，错过的机会，错过的风景。其实，错过的就是该错过的。回头望去，在回忆和想象中一切都很容易完美，因为我们非常善于脑补。

　　比如，我们错过了一次聚会，听别人描述时，就会添加自己的想象，以为自己错过了很多，其实别人分享的都是自己感受的精彩片段，而别人感受的精彩和你也没什么关系。我们常常忘了，时间和精力是创造一切的最宝贵资源，投入在什么地方，才是我们最需要谨慎的地方。

不要让无形的盗贼随意盗取你的生命

　　每个人都把家当成安全的港湾，所以家里的门窗会上锁，安装防盗栏杆，有时还会安双层防盗门。在社交媒体和互联网日益盛行的今天，最大的窃贼其实是手机。多少人手机基本不离手，提醒信息不断响起，各种新闻、朋友圈的信息频频更新，让多少人流连忘返，忘了眼前人，忘了爱人，忘了孩子，忘了工作……时间变成碎片，思想和感受也变成碎片。

我们的心像是一所开放的空地，无人守候，任人穿越，随意扔垃圾。难怪在看了那么多新闻、游戏和朋友圈的信息后，人会觉得内心有越来越多的不安、空虚和焦虑。社交媒体和互联网等现代科技的发展带来了前所未有的方便和效率，却也在不知不觉中绑架了我们的生活，成为我们生命的盗贼。

我们不停地关注外界的一切，却忘了最需要关注和守候的是我们的心门，而心是我们感受幸福的源泉。

从今天开始，你可以尝试记录一下自己的时间是怎么利用的，看看社交网络和手机占用了你多少时间。如果把时间比喻成浇灌田园的有限水源，没有目的地到处挥洒，结果只会是一无所获。如果晚上睡觉前，你感到空虚焦虑，多半是因为你随意挥洒了时间。

早上起床时，要问问自己今天需要做什么，怎样分配时间；当被手机诱惑时，提醒自己这些内容对实现目标是否有帮助；晚上睡觉前，回顾一下今天是自己的主人，还是手机的奴隶。你的心会给你答案：当主人的内心安宁，当奴隶的心神不宁。

怕错过，是怕错过了别人拥有的美好

怕错过，是怕错过了别人拥有的美好，没有人害怕错过别人的不幸。而人往往会无限放大别人的美好生活体验，觉得自己拥有的不够。实际上，晒出来的不一定就是幸福，别人过得好不好

你真的不知道。即便真的幸福，也是别人的幸福，和你关系不大。不管别人拥有什么，害怕也好，嫉妒也好，羡慕也好，那都属于别人，我们真实的幸福终究取决于我们自己拥有什么，以及如何与自己没有的和谐相处。

当你把每一分钟都用来面对错过的焦虑时，你便会成为失去拥有的成本。梦想不是焦虑出来的，所以怎么焦虑都是徒劳，怎么希望都是幻梦。我们能做的对自己最有好处、最有效的事，就是改变自己，一步步靠近自己的目标。我们只能用自己已经拥有的，去创造和丰富自己的生命。因此，只有把关注点放在能令我们收获和成长的事情上，我们的人生才会更加充实而有意义。

害怕没钱而焦虑怎么办

在一次给企业的培训中，一位三十岁左右的小伙子说："我最大的压力和焦虑就是怕没钱，或钱不够。"

我问："有多少钱就算够了？"

他愣了一下，好像从未认真地思考过自己到底需要多少钱，然后说还真没仔细想过。

"那你现在想想可以吗？"

"得买得起房子，买得起车吧？"

"房子和车的价格差异很大，有几千万、上亿的房子，也有十几万的房子，车也一样，有几百万的，也有几万的，你准备花多少钱买房子，买车？"

"就一般两室一厅的房子，一辆十几万的大众车就行了。"

"那一共需要多少钱？你准备什么时候买？"

"现在买的话，房子、车加起来需要近 100 万。"

"那你现在有这么多钱吗？"

"没有，所以很焦虑。"

"如果 0 是不焦虑，10 是非常焦虑的话，你的焦虑程度在几分呢？"

"至少 8 分。"

"那你都什么时候焦虑呢？"

"整天都在焦虑。"

"从早上一睁眼，就开始想我没钱买房子买车，一直到睡觉？"

"那倒不至于。"

"那么从起床开始，你究竟什么时候会因为想到钱不够而焦虑呢？"

他仔细想了想，回答说："每天早上起床都感觉时间很紧，每当我急着赶去上班的路上，就会偶尔想一下要是有车就好了。不过有时候看着路上的早高峰，满街堵着的汽车，也会想有车也挺麻烦，还不如乘地铁呢！"

"然后呢？"

"然后就看看手机，看看微信，很快就到单位了。"

"到了单位就开始一直想我缺钱吗？"

"那怎么可能？我的工作很忙，要全力投入，只有把工作做好才有机会赚更多的钱呀！"

"也就是工作一天都不会考虑钱不够的事？"

"是的，没时间。"

"那下班后呢？"

"下班后赶着回家，或者和朋友一起吃饭。"

"和朋友一起吃饭的时候，你会想没有钱的事吗？"

"当然不会，偶尔会提到。"

"回到家之后，会一直想没有钱的事吗？"

"那也不会，通常都会忙着收拾，看电视，看手机。"

"那你到底什么时候会因为想到没钱而感到压力和焦虑呢？"

"睡觉前。"

"睡觉前会花多长时间想没钱的事儿？"

"几分钟吧！"

"那你估计从早上起来到晚上睡觉，有多少时间会因为想到钱不够而感到压力和焦虑？"

他认真地想了想，说："不超过一小时。"

"那么你现在发现其实自己感到钱不够的焦虑，每天最多不超过一小时，你现在的焦虑程度是多少？感受是什么？"

他如释重负地说："我现在的焦虑程度是 2 左右。很久以来，我的头上就像顶着一片挥不去的乌云，而现实根本不是我想象的那样。的确我没有很多钱，可实际上，我每天的生活是忙碌而充实的，远没有我想象的那样焦虑，我的想法和自以为是才是我压力和焦虑的来源。实际上，钱不会因为我焦虑就滚滚而来，反倒影响了我的工作和赚钱的能力。"

"那你接下来准备怎么办呢？"

"今天对我帮助很大，主要有以下几点：第一，我只觉得自己缺钱，但没想过到底需要多少钱。明确自己需要多少钱，心里觉得安定了一些，至少有了方向。第二，当您一步一步问我，究竟什么时间为钱焦虑的时候，我清晰地看到自己焦虑和担忧的时间其实很短，是自己给自己的生活罩了一片没有必要的乌云。第三，焦虑只会阻碍我实现目标，没有任何帮助，我需要把精力用在有用的地方。"

"那以后再因为钱不够而焦虑怎么办呢？"

"当再次意识到这个焦虑时，我会告诉自己这就是年轻人生活的必然部分。我会把精力放在对目标有帮助的事情上，用您的话说，就是行动治愈焦虑。"

人之所以恐惧和害怕，是因为给自己编织了一个可怕的未来，或者定了一个远远超出自己能力的目标，又急于实现自己的想法。目标的不清晰和不确定加剧了自己的焦虑。当我们清晰客观地知道自己的需求和能力，又能够脚踏实地地去行动时，焦虑就会减少。当出现困扰时，明确困扰的本质，用量化所占时间的比重方法，会让我们在迷雾中走向清晰，而清晰本身就会减轻焦虑。

害怕在公众面前说话怎么办

所有人都害怕死亡，但对于有些人来说，公众演讲比死亡还可怕，尤其是当众说话或演讲。然而，当众说话是我们生活和工作中必不可少的一部分，对于提高我们的生命质量来说，也非常重要。

记得在一次青少年抗挫力训练中，我问孩子们有谁害怕当众发言，全场有95%的人都举起了手，包括在场的家长。于是，我找了一个孩子，希望通过案例告诉大家如何面对"当众发言的恐惧"。人群中，一位身高超过170厘米、极其魁梧的孩子引起了我的注意。他的眼睛一直低垂着，不敢抬头看别人。

我走到他身边，问他是不是很害怕，他点点头。我又问他害怕程度是多少，他说10。我说："孩子，你知道当着公众说话对你未来的成长和发展很重要吗？"他又点点头。

我继续说："那你想不想不再害怕当众说话？"他点点头。我说："那你能不能尝试跟我站起来？"孩子站了起来，满脸通红，不到两分钟，豆大的汗珠出现在他的额头，我对他说："你真的非常非常有勇气，太棒了。"在场的所有人给了他热烈的掌声。

我接着告诉他:"现在请你抬头看看同桌的八九个人,每个人脸上都是支持和鼓励的神情。你的害怕程度有没有减轻?"他说好一点了。之后,我带着他一桌一桌地去和大家用眼神交流,让他去感受自己内心的紧张和恐惧,也去感受大家眼神中传递出的真正内容。

他从目光躲闪、大汗淋漓,到能慢慢抬着头,再到能和大家目光对视,到最后能用目光环顾全场。我又问他:"现在你害怕的程度是多少?"他说还有 4 ~ 5。

整个过程不过 20 分钟,孩子的勇气和变化,激励了现场的所有人。接下来,他也积极地参与到小组的发言和活动中。

最令我动容的是,训练营结束的汇报演出中,我看到一位戴墨镜的魁梧"鸟叔",带着一大帮小伙伴唱着歌出场,我一眼认出了那个几天前满脸通红、流着豆大汗珠的孩子。此时,他是舞台上的领舞,虽然戴着墨镜,但能看到他绽放的笑容和全身的活力。跳到尽兴时,他还在伙伴们的鼓励下,走到台前去和观众互动。那一刻,我不禁潸然泪下,为孩子的绽放动容。

两年后,在我们自我探索课的课后收获分享中,有一个小伙子落落大方,侃侃而谈。他说:"我这次来收获很大,我是从美国专程回来参加这个课程的。一是想知道自己大学如果选心理学这个专业会怎么样,二是想回来看看,因为我就是两年前参加抗挫力训练营的那个害怕当众说话的男孩。"

孩子,谢谢你让我再一次深深地感到:如果有爱的支持和面对的勇气,一切皆有可能。

孩子的压力最大，如何减轻他们的焦虑

在现代社会，每个人都觉得压力很大：老板管着整个团队的吃喝拉撒，员工总觉得挣得少，老板却觉得生意越来越难做，亏损都得自己承担；中年人觉得自己压力大，上有老，下有小，事业处在爬坡期，经济压力也很大；年轻人也觉得压力大，钱不多，活很多，加上父母不断催婚，找个合适的对象真不容易……

各个群体都有自己特定的压力，但我个人认为，压力最大的群体是孩子们，尤其是幼儿园和中小学的孩子们。因为他们自身的体力、能力都很弱小，整个世界对他们来说都是新的，有太多的未知需要去探索，有太多的规则需要去学习。而在学习和探索的过程中，他们遇到的有的是惊喜，有的是惊吓。

有时候，老师和家长认为轻而易举的事情，对孩子们来说真的很难，比如，晚上一个人睡觉，父母吵架声音很大。大人们的各种要求、修正和打压，没有达到父母和老师的要求就被训斥或打骂……你知道一个孩子站在比自己高一倍又强壮很多、还气势汹汹的大人面前的感受吗？你知道他们无依无靠、有理也说不清的那种恐慌和无助吗？他们往往找不到倾诉和发泄的出口，只是不断地被要求、被指责、被打压、被训斥、被各种不理解。

记得有个 8 岁的男孩因为数学成绩不好，被老师批评，留下来补课，后来还叫了家长。没想到他的家长来了以后，上来就给了一巴掌，说谁让你不好好学习。我们知道，通常学习成绩不太好的孩子，一般很少得到老师和同学的关注，有时在学校还要遭受欺负。出于各种原因，他们有时候不敢告诉老师，也不敢告诉父母，可以想象这个时候他们的世界会是多么孤独、悲凉和无助。所有人都在要求他们，而他们要么拼命满足家长和老师的各种期待，要么接受没有达到期待和标准的惩罚。

世界卫生组织的调查表明，在中国，导致 15 ~ 35 岁人群死亡的第一原因是自杀。

很多家长总觉得现在的孩子，好吃好喝好住的，至少比自己小时候好多了，难道还不够吗？孩子忘性大，整天没心没肺，不是应该好好教育吗？偶尔打两下、骂两句再正常不过，都是为 Ta 好，不是吗？

如果仔细探究孩子的内心世界，你是否想过：孩子到底有多少愤怒不能发泄？有多少眼泪只能流给自己？

许多成人在回顾自己的成长之路时，发现有很多童年阴影后遗症。父母的暴躁，彼此之间的争吵和打骂，对自己的冷落和粗暴，成为自己日后生活的障碍和失去快乐能力的源头。那种无助、无望和对人对世界的怀疑，成为无数人成年后的心理雾霾。不幸的是，当自己做了父母之后，又在重复给自己的孩子制造创伤。如果你已经是父母，可以尝试用以下方法减轻孩子的焦虑：

（1）把目标首先放在与孩子建立亲密关系上，然后利用机会培养孩子的抗挫力。

（2）把关注点放在孩子的需求上，把80%的精力放在鼓励引导孩子，发掘他们的长处和优点上。养成盯着孩子优点的习惯，而不是只盯着他们的问题。

（3）孩子犯错天经地义，可以说是孩子的本性，也是引导和培养他们的契机。

（4）不要乱发脾气。要知道，父母生气一次对孩子的伤害，抵过你以往无数次对 Ta 的好，有时甚至会一笔勾销。

（5）爱是化解焦虑的源头。每个父母都是爱孩子的，但你问了孩子就会知道，孩子真正感受到爱的途径主要是三条：爸爸妈妈对我的笑脸，有话和我好好说，亲我抱我。因为人感受爱的最直接方式是和颜悦色、柔声细语、亲亲抱抱，孩子往往离真理比大人更近。

焦虑会带给我们很多困扰。如果我们能够把焦虑当作生命的必然部分，把能量用在面对它、聆听它带给我们的信息，就会知道如何在各种焦虑中找到自己生命的定位和真实的方向，并在行动中靠近自己本来的样子，因为我们原本富足、美丽、无忧无虑。

害怕动物怎么办

在外企工作的姗姗独立能干，工作也很出色，勇于创新闯荡。在外人看来，她几乎无所畏惧。可她非常害怕老鼠，以致严重影响了她的生活。有一次，她来参与青少年抗挫力训练营工作。营里有个孩子害怕老鼠，为了帮助这个孩子放下对老鼠的恐惧，我在屏幕上放了一张老鼠的照片，结果这个孩子并不太怕照片中的老鼠，而姗姗却一脸惨白，几个箭步蹿到了门口，准备逃离。

人本能就害怕的东西其实很有限，最常见的是巨大的声音和高处。关于这一点，你仔细观察一下小宝宝就会知道：他们除了大声和高处，一般无所畏惧。他们会抓虫子，抓狗猫的尾巴，有时候狗猫见到他们都唯恐躲之不及。他们看到不认识的小动物会充满好奇，就连飞机、电梯等许多"新"的地方，也会令他们感到好奇。

人之所以会恐惧，通常也是因为过去在与相关动物、物品或场景的接触中，受到过惊吓或伤害，有过不愉快的经历。

看到姗姗的反应，我相信她过去一定是被吓到过。从常识来说，老鼠那么小，人那么大，人的智力和力量都远远超过了老鼠，老鼠应该怕人才对。而姗姗对老鼠的恐惧已经超离了现实，有点像猫怕老鼠了，这不符合逻辑。

于是我就走了过去，发现平时不爱哭的她居然哭了起来。我问她是不是小时候发生过什么事情，她说一看到老鼠的照片就害怕，不知道是不是和小时候同学用老鼠吓过她有关系。原来，姗姗在小学五六年级时，班上有一个喜欢恶作剧的同学，经常把刚出生不久的老鼠放进她的铅笔盒里、凳子上或者书包里。有一次放学时，有位同学告诉她书包里有老鼠，回家后她检查了一遍没有发现，于是便放心地开始写作业。可是，在她写作业时，那只老鼠却突然跑了出来，把她吓了个半死。那些老鼠都是刚刚出生的小老鼠，有时候在书包里就被压死了。那一年，她总是担心老鼠会突然跑出来，出现在她的生活中。而且，因为小时候爸爸经常打姗姗，她和父母的关系也不太好，所以在学校里发生的事情都不敢告诉父母。姗姗没办法，只好一边压抑自己，一边担惊受怕，就这样度过了小学时光，并变得极度害怕老鼠。

姗姗一直生活在童年受惊吓的阴影里，导致自己被小时候的恐惧控制了。遇到这类情况，用暴露方法来处理会非常有效。一般来说，如果用 0 ~ 10 分来评价恐惧程度，0 分是一点都不害怕，10 分是非常害怕的话，害怕程度在 6 分或 6 分以上的，都需要寻求专业人员的帮助，而分值在 5 分以下的，可以尝试自己处理。

姗姗的恐惧在 10 分上，所以我们选择了帮助她分级暴露，也就是先看静态的老鼠照片，然后看老鼠的视频，然后看真的老鼠。在看图片的过程中，她一点一点地走近老鼠的照片，一次又一次地慢慢走近，终于在 40 多分钟后，她的害怕程度从 10 分以上下降到 4 分。

接着我们继续暴露，开始给她看老鼠视频。在看老鼠视频时，她从远距离看视频就开始一直吐，到后来慢慢靠近视频还在吐，但已经明显比之前好了很多。经过 2 个小时的视频暴露，她的难受程度终于从 10 分下降到 3 ~ 4 分。

后来，我们又买来一只老鼠进行现实暴露。在现实暴露那天，她的害怕程度又回到了 10，开始不停地呕吐。我让她看着老鼠做深呼吸，不要躲，不要跑。我对她说："老鼠在笼子里，你其实很安全，你害怕的只是过去的体验和经历。请你一直盯着老鼠看，把那种害怕的感觉呼出去，想吐就吐，吐完了再继续盯着老鼠看。"慢慢地，她害怕的程度明显降低，并停止了呕吐。最后，她甚至可以自己拿着老鼠笼子看，虽然还是有点害怕，但难受程度已经从 10 分下降到 3 分，整个人也在面对的过程中轻松了很多。

当一个人能够有足够的时间去面对的时候，就会更新他过去的体验和认知，最后发现其实现实并没有自己想象和以为的那么恐怖，害怕只是创伤记忆的结果。于是，他的身体也会发送新的记忆信息，告诉自己现实并不可怕。

后来，姗姗在和大家一起分享她的感受时说："害怕、恐惧都不是我们喜欢的，但是当我们选择勇敢地去面对时，就会发现自己的勇敢和力量。在暴露的过程中，我的身体反应剧烈，我知道自己无法控制这种身体反应，也就不去抗拒，而是顺其自然，慢慢就不那么难受了。我发现，我害怕老鼠的一个重要的原因是对自己身体反应的可怕，而不是老鼠本身，这个不舒服的反应好像是一种条件反射。这个认识对我影响太大了，一直以来，我都被自己身体的条件反射吓到了。其实，现实并没有想象的那么害怕，当你勇敢面对后，会感到离自己更近了，对自己也更了解了。虽然这种面对的过程是痛苦的，但是如果一直不面对，将会用更长时间去痛苦和害怕。我很庆幸自己在一次又一次的面对中终于放下了对老鼠的恐惧，也放下了对曾经伤害我的同学的责备。"

如果您想自测焦虑指数，
扫描左侧二维码即可自测。

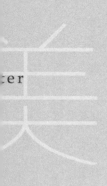

情绪梳理七步法

你与智慧之间，只缺一个情绪应对法

我们都知道，健身并不是增长新的肌肉，是让原有的肌肉更加紧实、丰满、有弹力。而肌肉的健康和健美，需要大量的练习。我们应对情绪的能力，也可以通过训练变得更加强劲、有力、有弹性。

当我们通过训练，拥有了强大的能力时，在面临各种冲击和压力的时候，就可以更好地去承受、包容、接纳，并能够自主地恢复自己内心的宁静。

情绪梳理七步法是我的静修生的日常必备技能之一，大量地运用在他们的日常生活、工作和学习当中。实践证明，这种训练方法对于多种情绪的缓解、扭转和深层需求的满足，都有很好的效果。更重要的是，这是一个易学易用的方法，大家只要按照本章的介绍，自己在家就可以用起来。

情绪梳理七步法的缘起

说来有趣，情绪梳理七步法是我和我的学生们"斗智斗勇"产生的成果呢！

2012 年，我决定去美国参加一个课程。因为机会难得，同时希望我的学生们可以有更广阔的视野，我就问他们，有谁想跟我一块儿去学习。同时，我也提前跟大家说明，不要期待我为他们做翻译，因为我出去的目的是学习。如果英文有障碍，需要自己解决语言问题。事先把彼此的界限和期待交流清楚非常重要，否则容易引起落差和误解。

当时，与我同行的有好几位学生。其中有一位学生，是一家外企上市公司的职业经理人。她从国外留学回来，英文非常好，人也非常热情。大家去美国的行程安排，如接送机、住宿酒店、地面交通、餐饮等，都是她全程用心安排的。还有一位学生，英文能力非常有限，只会说几句简单的打招呼的话，如"hello""thank you""good-bye"等。但这位英文能力非常有限的学生特别敢说，为了鼓励她，我就表扬了她。这让英文非常好的学生很不高兴，觉得我偏心。

她说在美国她做了几乎所有的事情，却没有得到表扬，而只会说几句英文的学生却得到了表扬，她越说越气，最后委屈地哭了。同时，她认为她的同伴对她所做的一切都没有感恩，这件事也让她很生气。于是，当天晚上她们就开始争吵了。

因为刚到美国，时差都没有倒过来，又上了一天课，我当时非常疲惫，没有精力疏导她们之间的矛盾，就简单安抚了一下，总算暂时平静了。然而，第二天晚上她俩又吵上了。看来，冰冻三尺，非一日之寒。

她们各自带着自己缺乏爱和温暖的过往，争宠、争关注，不是简单的疏导就能解决。可我的时间非常有限，白天还要上课，体力和心力都不足。我得想办法，让她们先学会自己处理自己的情绪。于是，我在宾馆的便签纸上写了七条自我梳理情绪的步骤，给了其中的一位，那就是"情绪梳理七步法"的雏形。

我让她把这些步骤做完之后，再来找我。她认真地做了史上第一个七步训练法后，与同伴认真地进行了沟通，之后两人的关系开始好转……这个情绪梳理七步法，她回国后也经常做，认真做，效果都很显著。

通过这种训练，她跟爱人和父母的关系都明显变好了。静修生毕业两年后，她来看我的时候说，那张写着七步训练法的宾馆便签纸条，至今还在她的钱包里放着。

使用情绪梳理七步法的注意事项

从 2012 年至今，通过大量的实践反馈和建议，我对情绪梳理七步法进行了数次改版和优化。下面与大家分享的情绪梳理七步法，是我和我的学生们日常践行使用的最新版本。我将按步骤带领大家尝试。

注意事项：

如果你曾被诊断为抑郁症、焦虑症，或者其他精神疾患，你需要首先遵从你的精神科医生的医嘱。

七步训练法主要是为了帮助那些没有精神疾患的普通人自己化解改善自己的情绪问题而设计的。

具体适应症状：

（1）当你因想起过去的某个人或某件事，导致自己内心起伏、难过、不安、生气、不舒服时；

（2）当你因今天发生的一件事情而心绪不宁时；

（3）当你因想到未来而焦虑不安时。

下面，请你选择一个至少可以连续30分钟到一个小时不受打扰的环境和时间，准备好纸和笔，一起来练习。

情绪梳理七步法

情绪梳理第一步：自我关怀

当一个人有负面情绪时，一定会感到不舒服，不仅心里不舒服，身体也会不舒服。而当人身体不舒服时，也一定是有情绪的。比如，当你睡不着觉的时候，或者身体的某个部位疼痛的时候，哪怕只是手指头里扎了一根毛毛刺，都会有情绪，对不对？

人在接收身体的信号时，是最为直接的。身体的不舒服对我们自身的影响和刺激是最大的。只是许多时候，大多数人只关注了心里的不舒服，而没有察觉到身体的不舒服。还有许多人在自己有情绪的时候，会投入很多精力来对抗、报复或逃避外在的人与事，从而使事情变得更加复杂，难以把控。

事实上，当我们有情绪时，最需要做的是把关注点从外面的人和事上收回来，用来关怀自己。只要我们的身体舒服了，情绪就会缓解平复；只要我们的内心平静了，就容易产生有智慧、有创造性的应对方法。

1.停下，呼吸，标注情绪

（1）现在，请你把眼睛闭起来，把关注点放在你的呼吸上。

随着每一次吸气、呼气，让自己的思绪回到过去或现在发生的，让你有点不舒服的事。

（2）如果用 0 ~ 10 给难受程度打分，0 是最低，10 是最高，选择一个难受程度在 4 ~ 5 左右的事。回想一下：这件事发生在什么时间，什么地点，跟什么人；这个人说了什么、做了什么，你说了什么、做了什么，你的感受是什么。把这件事带到眼前，仿佛重新置身于这件事当中。

认真感受自己的情绪，问问自己这是什么情绪，给它一个名字。是愤怒、焦虑、悲伤、委屈、烦躁、失望、还是渴望？再次回到这件事情当中，好好感受自己的情绪。也许这件事掺杂了很多种不同的情绪，那就选择其中让你感受最明显、最强烈的情绪，给它命名。

2. 感受不舒服的情绪在身体的哪个部位——定位情绪

然后，从头到脚扫描一下自己的身体，感受这种不舒服的情绪在身体的哪个部位最明显。不管是哪种情绪，都会在身体相应的承载部位显示。感受这个部位是哪种不舒服，如疼痛、紧张、憋闷、麻木，抑或恶心。

3. 把关注点放在身体不舒服的位置——软化 - 安抚 - 允许（SSA：Softene-Soothe-Allow）

接下来，让我们把关注点放在身体不舒服的位置，让这个部位慢慢软化、放松。如果感到这个部位很硬很紧的话，可以从这个部位的周边开始软化和放松。如果你愿意，也可以把手放在感到不舒服的位置上，感受自己手的温暖，让手的温暖就像暖流一样传到这个部位。让你的身体就像沐浴在温泉里面，感受身体的温暖和放松。

然后，你也可以感受一下自己在这个时候最想听到什么话。想听什么，就对自己说什么。

你也可以在自己的脑中温柔地注视自己，就像看着一个可爱的宝宝一样，对他说你想说的话。比如，"你真的不容易，我知道这件事让你特别难过，承受了这么多不舒服，我好心疼你。"

你也可以直接对自己讲，可以称呼自己的名字，对自己说：我觉得你经历并承受这种事，真的很不容易，也很难过。不过，世界上有很多人也曾经经历或正在经历你所经历的痛苦，痛苦是人生的一部分。

然后，不管现在身体的感受、情绪的感受和自己的想法是什么，都允许此时此刻自己的身体、情绪、思想的存在。也可以对自己说：我接纳此时此刻的自己，不管身体和情绪的感受是什么，有什么想法，我都接纳此时此刻的自己。然后静静地感受一下，在标注、定位、安抚自己后，现在的感受是什么。

4. 静观自我关怀的科学依据

第一步自我关怀非常重要，这一步的成功将奠定后面梳理的有效性。这一步的三个小步骤，最初来自哈佛大学临床心理学家克里斯托弗·肯·杰默博士和德克萨斯大学克里斯汀·奈弗教授联合创立的静观自我关怀中应对困难情绪的三个主要方法。

（1）停下，深呼吸，标注情绪——你能命名的，就是你能驯服的。

2007年，美国科学家发现，我们的大脑里面有一个杏仁区，它的功能是管理我们各种各样的情绪。当我们碰到一个压力事件后，身体就会开始一系列反应，比如心跳加速、手脚冰凉、胡思乱想等等。但是，当我们一标注，就会把身体当中继续分泌恐慌分子的通路截断。人最害怕的是不确定性，情绪到来时，你会觉得一团乱麻。然而当我们能够标注时，情绪就会安定下来了。英文中有一句话叫作"Name it, and tame it.",意思是你能命名的，就是你能驯服的。

（2）定位——所有的情绪都有一个身体的承载部位。

所有的情绪都有一个身体的承载部位，有的人是胃，有的人是头，有的人是胸。给情绪定位很重要，因为思想是飘来飘去的，但是身体的感受不会，一般来讲都有一个主要的承载部位。我们的思绪容易飘移，能够以极快的速度，游走在过去、现在和将来之间。

当情绪没有定位的时候，我们的思想会飘忽不定，甚至非常混乱，导致我们无法与情绪相处。而如果我们将情绪定位在身体的某一个部位，就可以看清楚到底是怎么回事。

（3）软化 - 安抚 - 允许——首先软化、安抚自己的身体。

在人体接收的所有信号中，第一个就是身体的信号，而不是大脑的信号。当身体感到放松的时候，就会传送一个信号到大脑，告诉它现在是安全的，内心就会安静下来。所以，我们学会与情绪相处，首先需要的是软化、安抚自己的身体。

软化、安抚包含三个要素——身体接触、柔声细语和恰当的温度。

软化、安抚情绪就像我们安抚刚出生的小宝宝一样，当 Ta 哭的时候，我们首先把 Ta 抱起来，然后柔声细语地哄 Ta，当 Ta 感受到身体的接触和温暖，听到柔声细语的安慰，宝宝的身体就会放松变软，情绪就会被化解。最常见的身体接触形式，就是拥抱。但如果你过去曾被一个你不喜欢的人或者给你造成创伤的人抱过的话，这个"抱"可能就变成一个不愉快的事件，就不适合拥抱了。那样的话，你可以把手放在肩膀、肚子、腿或者其他你感到舒服的地方。

什么是允许和接受呢？

举个例子，作为妈妈或爸爸，你很爱自己的孩子，如果孩子感冒发烧了，或者意外骨折了，看到孩子受苦，你会怎么办？你没有办法让 Ta 的痛苦立刻消失，但你可以接纳 Ta 的状态，好好地陪伴 Ta，跟 Ta 在一起，看看能为 Ta 做些什么。你可以把自己难过的情绪和因承载情绪而难受的身体，都当成发烧、骨折的小宝宝，这就是允许。怀着一颗关怀的心，允许自己痛苦、难受，学会陪伴自己，接受自己的情绪和身体。

情绪梳理第二步：探究自己的真实需求

情绪是需求没有得到满足的结果。我们常常只知道自己不想要什么，而不知道自己真正想要什么。当我们确切地了解自己真正想要什么，事情就好办了。所以，第二步是发掘自己的内在和外在需求。注意，不是想要(want)，而是需要（need），需要是发自内心的真正需求。想要是脖子以上的愿望，永无止境；需要是脖子以下的真实需求，可以满足。

现在闭上眼睛问问自己：

（1.）引起情绪波动的这件事背后，我究竟想要什么，需要什么？

（2.）这件事给我带来的是悲伤、愤怒、难过、内疚、恐惧、羞愧还是失望？

（3.）我为什么会有这样的感受？

（4.）我究竟想要的是什么？

（5.）到底是什么需求没有得到满足，才会导致这样的情绪？

（6.）对方的需求又是什么？

如果准备好的话，可以慢慢把眼睛睁开，把你想到的记在纸上。

任何看得见的行为，都只是冰山一角。而浮在水上、直接可见的那一部分，只占冰山体积的20%。很多时候，我们对自己是不够了解的。我们以为自己只是在争论一个对错，只是为了把事情做好，只是为了其他人好……

如果细细觉察，就会发现自己的情绪是一层一层的，就会发现层层情绪下包裹的深层需求到底是什么。

比如，愤怒是一种很容易产生、很快产生的情绪，但愤怒往往只是一个坚硬的掩盖。愤怒是一种硬情绪，它往往掩盖了更柔软、更脆弱的情绪，如悲伤和恐惧。

一位看到孩子摔跤的妈妈，如果孩子伤得不重，她的第一句话往往是充满愤怒的："跟你说了多少次了，为什么这么不小心?!"在这个愤怒之下，是妈妈心里的担忧和心疼，还有对孩子的爱。

你经常感到的情绪是什么？有哪些硬情绪，愤怒、指责、埋怨？在这之下，你感到了哪些软情绪，悲伤、委屈、害怕或者孤单？再深一步，在这些柔软的情绪之下，你真正需要的是什么？

是想被看见，被听见，被尊重，被认可，被关爱，感到安全，感到爱吗？

情绪梳理第三步：情绪 ABC

1. 我们的难过是因为只从自己的角度去看人、看事和解读

也许你也有过这样的经验：当你心情不好时，你的好朋友或家人来开导你、陪伴你，Ta 说的道理你都懂，但心里仍然难受，无法化解，无法放下。这时如果让你换位思考，你很难做到，有时甚至会使你更加恼怒。因为情绪当道时，掌管理性思维的大脑根本无法工作。这也是为什么人在愤怒、焦虑和抑郁时无法思考，悲伤时无法创造的原因。

当情绪平复一些，也了解了自己需求的时候，也许你的情绪已经化解了。

如果仍然没有完全化解，我们可以在情绪平稳之后，再做进一步的思考。通过换位思考，观察事情的全相来了解自己和他人，这个方法叫情绪 ABC。ABC 情绪理论是 20 世纪 50 年代美国心理学家阿尔伯特·艾利斯（Albert Ellis）创建的。艾利斯认为，引发情绪的直接原因并不是客观事件，而是主观认识和评价。同样的事件，如果我们的主观认识和评价不同，产生的情绪会大相径庭。

所以，导致一个人的行为反应和情绪反应的根本原因，不是事件本身，而是人对事件的看法、想法、解释、评价，归根到底是人对此类事件的信念。在 ABC 理论模式中，A（Activating event）是指诱发性事件；B（Belief）是指个体在遇到诱发事件之后相应而生的信念，即他对这一事件的看法、解释和评价；C（Consequence）是指特定情景下，个体的情绪及行为的结果。事实上，在绝大多数情况下，人之所以难过是只从自己的角度看人、看事和解读的结果：

现在，请你拿出笔和纸，开始做情绪 ABC。大家可以尝试把让你难受的那件事按照这样一种方式写下来。

A 就是你刚才想到的那个事件；B 是你对这件事的看法和解读，一件事可以有多种解读，大家可以多写几个 B，一般建议写4 ~ 6种，也有的人曾经写过十几种；C 是基于不同的 B 所产生或可能产生的结果。

2. 对同一事件的不同解读，就有不同的结果

我给大家举一个例子，看看下面这位愤怒、难过、委屈的女孩，是如何通过情绪 ABC 让自己的情绪平复下来的。

事件		
我在微信上问前男友现在过得怎样，他回复我说，他和我的好朋友安安在一起了，还说祝我幸福，让我好好珍惜身边对我好的男孩子。		
解读1		我感觉自己被欺骗，被忽视了。想起他以前说的话：只要能娶到我，什么都愿意做；一辈子都不会忘记我。难道这些话都是假的吗？他怎么可以和我的好朋友在一起!!!
	情绪	愤怒8分。
	行为	不理解他们的做法，特别想打他们。
	结果	我没有得到被爱、被尊重的需求，与他俩的关系变差。

解读2	他在报复我！以前追我时，我总是对他忽冷忽热，现在他选择和安安在一起，他知道这样的话我肯定无法面对他们。他肯定觉得我这时候可怜极了，肯定在想谁让你那时不珍惜，活该！	
	情绪	愤怒6分，难过5分，自责4分。
	行为	不想理他们。脑袋开始乱想各种场景，以后遇到他们怎么打招呼，要不要去参加他们的婚礼，要不以后都不要见面了吧。同时，开始批评自己，觉得自己以前对待他的方式不对，感到自责和愧疚。
	结果	不再信任安安，我对她有芥蒂了。对自己的自责让我觉得我在感情这件事上做错了，自责让我的内心更难受。
解读3	我会对他说的这些话反应这么大，是因为我对他有很深的感情。而且我有期待，还有我一直觉得他就是需要照顾我的感受啊！	
	情绪	平静5分。
	行为	看到情绪升起的原因，情绪因我对他的感情而起，因我的期待和要求而来。
	结果	对自己的情绪负责。两人关系的界限开始清晰，他有自由说他想说的话，而我负责自己的感受和情绪。
解读4	我其实是嫉妒和难过，然后用愤怒来掩盖。嫉妒是因为没有得到对方的关注，求而不得；难过是因为感受到失去。	
	情绪	理解6分，淡定6分。

	行为	把注意力从对方身上挪开，探索自己产生情绪的原因和未得到满足的需求。
	结果	对自己有更深的了解。承认自己的情绪后反而对自己有更多接纳。以前总是有嫉妒也要端着装不在乎，不表现出来，现在能看到情绪，并允许它自由来去。
解读5		他只是想表达对我的祝愿，而我并不想听他的祝愿。我要他的认可和喜欢，而他的祝愿恰恰是不认可，因为在他眼里，我以前是不珍惜的。我想要的和他给的错位了，沟通也错位了。
	情绪	平静6分。
	行为	了解到自己的需求并不是想听祝愿，而是需要认可和喜欢。别人给不了，我自己给我自己，我把自己当作自己的情人，爱听什么认可和支持就说给自己听。
	结果	加深对沟通的了解，即使是祝愿也可能被误解。同时，加深对自己的了解，通过做自己的小情人来满足自己的需求，让自己变得更富有爱。
解读6		他是一个善良真诚的人，能够毫无隐瞒地告诉我他的现状。即便我以前让他那么痛苦，他仍然选择祝福我，而不是恶语相向或者直接不理我。有总比没有好，不论这个祝福是不是真心的，至少他也帮我总结了我要学习的功课，去珍惜一个对我好的人，不要再错过。
	情绪	理解8分，平和8分，感恩7分。
	行为	认可他的优良品质，看到事件的更多可能性，内心不再对这个结果和"祝福"念念不忘，而是接纳它。
	结果	对他不再是愤怒和怨恨，而是认可和尊重。对事件有更全面的认识。

情绪 ABC 对于换位思考、了解全相非常有帮助。我们总是站在自己的角度看问题，根据自己的经验判断问题。但无数次帮助他人梳理关系、解决困惑的经验告诉我，我们对于其他人的理解是远远不够的。

很多让我们产生情绪搅扰的事件，乍一看都显得那么荒唐，那么不可思议、不可理喻。但我相信，不管人们在说什么做什么，他们内心都有一个愿望，就是希望被人喜欢，被人接纳，被人尊重，被人理解，被人爱，被人肯定。不管什么文化、什么国家、什么语言、什么肤色的人，都有这样的愿望，没有一个人例外。

从这个意义上来讲，人性是向善的。往往不是我们的意愿，而是我们使用的方法使我们貌合神离。当你知道其实所有人的内心最深层的愿望和我们是一致的，我们与他人就不会远离，也不会持久地心怀怨恨和孤独。我们就有可能在一次又一次的伤心难过之后，选择重新面对，并再次燃起与人连接、感受温暖的希望。

情绪梳理第四步：与智者对话

我们每个人都是由很多部分组成的，有感性的部分，也有理性的部分；有脆弱的部分，也有坚强的部分；有冷漠的部分，也有温暖的部分；有困惑的部分，也有智慧的部分……

在多年的人生阅历中，我们可能已经习惯于使用某一个部分，而没有看到其他部分。

1. 选择智者

现在，还是针对上节的事件，当 ABC 梳理完之后，请你跟智者进行一次对话。

智者可以是一个具体的人，比如你最信任的、最爱你的、你认为最智慧的人，他非常了解你，非常爱你，希望你过得舒适安闲、轻松如意，希望你远离痛苦。他可以是你的爷爷奶奶、爸爸妈妈、某位老师或者其他长者，也可以是你信仰的宗教人物，比如佛祖、耶稣等等，或是其他任何让你感到安全、信任、可依赖的人，也可以是一束光或幻想的生物。你可以问问你的智者，对方为什么那样说、那样做，你的各种解读里，哪种可能性是最大的。

2. 先做一个关于"神秘乐园"的冥想

在去见智者之前，你可以先做一个关于"神秘乐园"的冥想。

神秘乐园引导词：

闭上眼睛，开始深呼吸，吸气、呼气，让自己的身体慢慢变得松软起来，让自己的头、肩颈、胸部、腹部、背部、臀部、大腿、脚都放松。随着每一次的吸气，都让自己的整个身体变得越来越轻、越来越软，就像一只鸟一样慢慢地从窗子里飞出去，飞到一个你向往很久很久的美丽地方，这个地方叫神秘乐园。

这个乐园只属于你一个人，没有你的许可，任何人都不能进去。

在这个乐园里，也许有你喜欢的山、水、树木、花朵，也许有动物、海洋、森林，也许有草原、湖泊，也许有你喜欢的房间或一个小木屋。

总之，你非常非常喜欢这个乐园，并能在这里找到内心的宁静与安全。这个地方只有你有钥匙，你想什么时候进去就什么时候进去。

在这个地方，没有人批评你，没有人指责你，没有人认为你是不完美的；在这个地方，你不需要做任何你不想做的事情，生活自由自在；在这个地方，你可以无条件地被接纳，被尊重，被喜欢，这让你充满自信，感到生活无限美好；在这个地方，还有你非常喜欢的人和动物，以及你喜欢的一切其他美好的东西和美妙的景色。当你感到疲劳的时候，你可以在这里化解疲劳；当你感到难过的时候，你可以在这里得到安慰；当你感到愤怒的时候，你可以在这里重新找回内心的宁静。

这是你的神秘乐园，这是让你可以从头到脚完完全全放松的地方，这是让你感到安全的地方。

在这个地方，你可以随意决定谁在那里，谁不在那里。

这是你的神秘乐园，这是在你感到有任何身体或心理不适的时候，都可以去的地方，没有人会来打搅你。

你可以想象一下，当你感到非常疲倦的时候，你会在神秘乐园的什么地方来放松自己；当你感到悲伤的时候，你会在神秘乐园的什么地方让自己的悲伤得到疏解；当你感到生气或害怕的时候，你会待在神秘乐园的哪个角落。

在这个神秘乐园里，有你喜欢的色彩，有你喜欢的花朵，也可能有你喜欢的牧场。你漫步在自己的神秘乐园里，天气晴朗，空气清新，感受和欣赏着一切。

在神秘乐园的深处，你看到一个小木屋，你轻轻地推门进去，看到一位白发苍苍的智者坐在那里。你慢慢地走到他面前，并缓缓地坐下来。如果你的心里有疑惑、有疑问、有想知道的问题答案，你在任何时候都可以坐到他面前与他交谈。

看看这位智者的脸，看看他的眼神，看看他对你的态度，你知道自己可以与他交流，把你心中一直以来的困惑、疑虑和纠结与他交流，听听他会对你说什么，听听你的智者的回答。也许你有困惑的问题，也许没有。如果你没有问题的话，那就在他身边感受那份宁静。

这是你的神秘乐园，这位智者也是你的智者。这是知道你所有困惑和问题答案的智者，他随时随地都在那里等着你。请你静静地感受和智者在一起时的感受。如果准备好了，可以慢慢地站起来，告别你的智者，带着确定、宁静和温暖，轻轻走到神秘乐园的门口，然后变成一只小鸟，慢慢地飞回来，从窗子里飞回到你现在所在的地方，慢慢地睁开眼睛。

注：如果一开始你还不习惯自己使用引导词，可以扫描右侧二维码，尝试使用我亲自录制的冥想引导语音。

3. 与智者对话

我们来看看上节那个案例中的女孩和智者的对话。

智者：亲爱的孩子，我知道这件事让你这几天情绪波动非常大。你能跟我说说，通过这件事，你对自己有什么了解和发现吗？

我：首先，我发现了自己情绪变化的路径。最初得知这个消息时，我感到很愤怒，之后感到嫉妒，接着是难过和委屈，最后是理解和感恩。其次，我发现了自己情绪后面的动机和未被满足的需求。我感到愤怒和嫉妒，是因为我需要对方的认可和爱，但是他没给，我求而不得；我感到难过和委屈，是因为感觉自己不被理解，他没有了解我就妄下评论。最后，我发现自己如此痛苦的原因是求而不得和等靠要，我总希望对方来了解我、理解我、关怀我。

智者：非常好，在这件事发生时，你又做了些什么，结果是什么？

我：我自编自导自演了一出被抛弃、被遗忘、被误解、被讽刺的戏。我总是想要去抓住他，不肯接纳错过。我把时间和精力放在如何不让错过发生，甚至想要去改变两人的关系。结果是我一直在戏里痛苦不堪，而且受到对方无情的对待，他在微信朋友圈还屏蔽了我，真是雪上加霜。

智者：如果让你重新做一次选择，你觉得在这件事中，你要达到的目标是什么？你需要怎么做？

我：目标就是我要从事件中成长，学会自我陪伴。我不再试图去改变无法更改的事实，而是把目光收回到自己身上。我会像自己的小情人一样专注于自己，难过时关怀自己，害怕时陪伴自己，愤怒嫉妒时排解自己，委屈时拥抱自己。我想告诉自己：哦，宝贝，你真不容易。

智者：如果这样做的话，与之前你那么做的结果会有什么不同？

我：如果这样做，我的情绪就不会再随着他的语言和行为而发生急剧的变化。我有了确定感，不论他怎么说怎么做，我需要做的就是让自己成长、陪伴自己。无论我的情绪如何，我可以确定有个关爱我的自己一直陪在我的身边，让我感到自己是安全的。而且，当我能够陪伴、接纳和关怀自己时，我感到自己变平静了。我能感到来自己的爱，我的内心也不再那么恐惧和难过。

智者：非常棒，孩子，这件事又加深了你对自己的了解和爱。我也知道这件事让你痛苦了好几天，我们来看看，这件事里最让你感到痛苦的是什么？

我：好呀。我觉得最让我感到痛苦的就是那种失去的感觉，我觉得他是我的，别人不能抢了他。所以，当他去了另一段关系里，我就会有深深的失去感。

智者：实际上，他真的是你的吗？

我：不是，他是一个独立的个体，他和谁创建关系，都是他的事情。即使他现在是我男朋友，是我老公，他也不是我的。他有他的选择，他可以根据自己的意愿去建立他的关系。想到这里，我知道自己之前是掉进死胡同里了。现在看到这一点，我觉得自己的视角打开了。他是他，他是自由的，他不属于我，他可以有他的选择。哦，我真的不能把控别人，所以我还是回到自己身上吧！但是我内心总有一种隐隐的冲动，想要去把他抢回来。

智者：嗯，我理解你的心情。如果他现在还是单身，还谈不上抢不抢，你觉得你会和他在一起吗？

我：其实，即便我现在和他在一起，陪伴他的时间也会非常少。我想这肯定不是他想要的，他想要的是确定感、陪伴、支持和家庭。所以他选择了我的朋友，她是一个非常温暖、支持、顾家、稳定的女孩，刚好是他这个时期需要的伴侣。而她也需要人陪伴和照顾，他们刚好可以满足彼此的需求，在一起真的是非常合适。

智者：亲爱的孩子，其实你自己已经有答案了，是不是？你能跟我说说你的答案吗？

我：我一直都不愿意放手，但实际上这是他最好的归宿。我

Chapter 6
情绪梳理七步法

想一切都是最好的安排。我原本以为我准备好了，我可以和他一起创建关系，但是真的问自己准备好了吗，我还是不确定。所以在我没有能力做出选择时，上天帮我做了这样一场安排，我也终于能够释怀，他选择了适合他的归宿。

情绪梳理第五步：核对

通常，当我们做完前面情绪梳理一、二、三、四步训练后，情绪已经得到平复，并且对己、对人、对事的想法也会有很大的变化。我们能够看到多种可能，并对事情做出更客观的评价，而不是出于情绪的冲动反应。

但也许，ABC 里所有的解读、智者给你的建议，都未必与真实的情况一样。曾经有个学生找我核对，她写了 21 种可能的解读（ABC 当中的 B），但事实上，我真正的想法是第 22 个。

因此，我们需要在现实当中，与事件中涉及的其他人进行核对。如果我们能真正去倾听他们的声音，了解他们的需求，我们就可以将视野扩大、格局拓宽、理解加深。核对时，最好遵循这样几个原则：（1.）尊重对方，利人利己；（2.）直接核对，不是旁敲侧击；（3.）每个目标，做好最坏结果的应对方案。

这位女孩和智者对话后，目标更加清晰，情绪更加平静，心平气和地与对方有了一次核对。

我：我有一个困惑，自己实在想不通了，想来问问你，可以吗？

他：嗯，你说吧。

我：我想跟你核对一下，你对我说的那段话，你当时说的时候有什么感受？你是想和我表达什么意思呢？

他：之前你不是说有很多人追你吗，所以希望你能珍惜你身边追求你的人。

我：哦，我能说说我的感受吗？我当时收到你的信息，我的感受不是被祝福，而是被讽刺、挖苦和报复，我根本没办法理解你俩，这是我真实的想法。

他：以我的脾气，你认为我会报复你吗？我是真心地祝福你。

我：嗯，不会，我知道你是一个非常善良真诚的人。

他：我也不知道我们怎么会走到这步，希望我们能成为普通朋友吧！

我：嗯，我那时是不成熟，换作以前，我肯定会全怪你。但现在，我学会了先看自己的问题。非常感谢你，我的困惑已经得到了解决。

他：你的性格也挺好的，这是真的，可能比你想象的还要好。

我：其实，你也是我生命中的贵人。

他：彼此彼此，你也是我的贵人。我绝对是你的贵人，让你痛苦的都是贵人。哈哈，你懂的。

核对是一个有效沟通的习惯，是心平气和地了解对方的需求，表达自己的需求，共同探索以后如何满足双方彼此的需求。千万不要把核对搞成质问或者兴师问罪，变成发泄自己的情绪、表达自己的不满、讨伐对方的不是、实现自己目的的行为。

有一个核对的秘诀可以分享给大家，那就是心平气和、和颜悦色地问对方，是什么地方让你难过，我怎么做会让你舒服。你可以告诉他："很抱歉我让你这么难过，这么生气，这么害怕。我想知道我怎么做，你才会舒服。"每个人都希望被人喜欢，都希望能够优雅、淡定地处理问题，没有一个人例外。我们每个人都希望成为更好的人。但有的时候，会情不自禁说了不该说的话，做了不该做的事，这跟我们过去的经历和伤痛有关。如果对方能够用和颜悦色、柔声细语的态度与你交流，目的是增加彼此的了解，更好地满足你的需求，做不到会让你知道，想想看，自己会是什么感受？

情绪梳理第六步：制订未来的行动计划

1. 制订行动计划，避免再次陷入情绪困境

核对之后，我们对于彼此的认识和理解会更加深刻和宽广，但那还停留在思想的层面。接下来，我们要制订一个行动计划，也就是再次发生这样的事情，你该怎么办。你需要一个具体、可量化、可实现、可操作、有时间表的行动计划。没有行动，就不会有真正的改变和成长。

有的时候，你可能没有时间核对，或者无从核对，那也没有关系。思考一下，以后再碰到这种情况，你准备怎么办，你可以说什么、做什么，不说什么、不做什么。问问自己：怎样做才是一个智慧的选择，才会让你对自己更满意？

2. 如何制订避免情绪陷阱的计划

这位女孩的行动计划清单是：

（1）命名情绪，列出情绪的变化路径，看清情绪背后的需求，自己先满足自己的需求。

（2）通过自我关怀，真诚接纳自己的情绪。允许所有好的坏的情绪出现，来了之后不急于躲开，而是去认真感受它，体验它。

（3）实践情绪梳理七步法。因为这很有效，不仅让我从多个

角度看到解读，也让我看到自己的局限，以及事情可能的真相。

（4）带着真诚的态度，和对方表达自己的想法，同时也去了解对方的想法和需求。

不要小看这一步，即使你的行动计划只是下次再被人拒绝时怎么办，再被人误解或质疑时怎么办，孩子写作业拖拉时怎么办，或者排队上车被加塞儿时怎么办……

世上无小事，每个行为都是冰山一角。正是在日常生活的实践中，在一次次和人的交往中，我们打破了自己原有的思维和行为模式，开始练习用新的利人利己的方式来回应。这就像你在大脑中开辟一条新的道路，只有积极地开荒、除草、一遍遍地铺路，才能让这条新路越来越明显、越来越平坦、越来越习惯。

正所谓行为决定习惯，习惯决定性格，性格决定命运。

情绪梳理第七步：收获总结

1. 没有总结的人生，是不值得过的人生

现在请你思考并记录下来，在这一次练习中，你收获了什么。

这位女孩写道：

我看到了自己的思维和行为模式，一直就在等靠要，当小孩子求而不得，才会那么痛苦。还有我总是想得太多，做得太少。心里老是想着这件事，没麻烦也想出麻烦来了。

一切事件、情绪的发生，都是为了让自己更了解自己，爱自己，接纳自己。我在这件事中越来越了解自己、陪伴自己、关怀自己，我做到了！

我看到了事情的真相，也看到了自己的真实状态，其实还是

不能给对方很多陪伴。这个真相是我之前完全没有意识到的。这也让我发现自己很多时候会陷入自己的情绪和思维中，无法看到事情的更多可能性。一叶障目是令我痛苦的原因。我会不断地练习多方面的解读，帮助自己成为一个更宽容的人。

我深刻地体会到，每个人都是自由、独立的个体，没有人是完全属于我的。他们只属于他们自己，就像我也只属于我自己。认识到这一点，让我意识到为什么我总是想要去控制别人，因为我总是自以为是地认为对方就是我的；认识到这一点，也让我知道人要立足于自己，先自给自足，用爱喂养自己。

通过这件事，让我深刻地反思自己理想中的爱人到底是什么样的，我需要什么样的亲密关系。这对我以后找男朋友非常有帮助，只有知道自己要什么，当他出现时才能知道是他，不会再错过。同时，在和他核对的过程中，我看到我自己是一个非常值得被爱的女孩。我相信，如果有谁和我共度时光，对他来讲都会是一件礼物，我认为自己已经准备好了开始新的生活，不管我的下一个男友是谁，他会是一个非常幸运的人！

2. 学习的三个途径

（1）有的学习是在事情发生之后去学习；

（2）有的学习是在事情发生的时候去学习；

（3）有的学习是在事情还没发生之时就去学习。

如果我们能够在平时就坚持静心、学习，在情绪爆发时，就有很多应对的办法；如果我们能够在事后总结收获，就能建立一个全面和良性的学习循环。

情绪梳理七步法模板——越行动，越智慧

通往淡定智慧的道路没有捷径，只有反反复复的练习

七步法推出至今，已经有五个年头了。从静修生们的践行效果来看，它对于悲伤、愤怒、恐惧、内疚、羞耻等各种情绪的梳理缓解和扭转都非常有效，有帮助。七步法和静观自我关怀一样，是我要求静修生掌握的基本技能，可以天天练习，也需要经常练习。

对于七步法，知其然和知其所以然都不够，最重要的是在实际生活中真正践行。如果不践行的话，就不会产生真正的作用和效果。无论你知道多少种道理和方法，如果不实践，不修炼，不行动，便等同于零。

每个人的行为和思维模式，都是在数十年的生命历程中形成的，根深蒂固，不是一次七步法就能解决的，所以，改变也需要足够的时间，足够的练习和实践。

经常练习，就能够使我们把控自己情绪的时候越来越多，失控的次数越来越少，失控持续时间会越来越短，强度会越来越弱，这是我们的方向。通向淡定智慧的道路没有捷径，只有反反复复的练习。

我经常对我的学生们说，你如果没有练过 100 次的情绪梳理七步法，就别告诉我：我练了，但还是控制不了自己的情绪。我们练肌肉都需要足够的时间和强度，把控情绪也一样需要时间和训练的次数，功到自然成。

刚开始做七步法时，你也许会觉得困难，感受不到情绪在身体里的感觉，ABC 里面也想不出几个可能，智者也找不到。但这没有关系，只要你坚持做，就会越来越轻车熟路。当然，最好是有同伴一起学习、交流、分享、相互支持。在同伴的支持下，你会更容易改变和坚持。

在做的过程中，你会慢慢掌握七步法的奥秘。做得越多，完成一次七步法的时间就越短、效果越好，对自己需求的认识就越深刻，创建行动就越彻底。

我的很多学生在下班回家的地铁上、在出差的火车飞机上、在接孩子等孩子的空当，都可以随时随地做七步法。做到超过 50 次的时候，就可以影响、尝试带领身边的人一起用七步法管理自己的情绪。许多学生的孩子、爱人、朋友，也都因此而获益。因此，我专门用一章的内容来介绍七步法，希望帮助到更多的人，尤其是无法亲身来课堂体验学习的人，愿为你们提供一个可以自助式管理自己情绪的方法。

很多人看了我的第一本书《不完美，才美》，那里面也有很多方法。但我相信不是所有人都照做了。我们往往愿意了解一个新知识、学习一个新方法，却很难在生活中真正用上。因为前者只需要用脑，而后者需要全身心的参与。践行的路真的很难。很多学员，在课程或督导时容易受触动，看了书，也知道该如何做，但却疏于行动，当然不会有效。

所以，内心的淡定是一种少有人有的状态，大家都想有。只有坚持践行的人，才能够品尝到修炼的果实。

选择做情绪的主人还是奴隶，其实一直都掌控在你的手里。践行者一定会是主人，空想者定会终身为奴。道理和方法都很简单，关键是你真的想改变吗？如果你真的想拥有淡定和谐的生活，可以从练习七步法开始。

下面是几个七步法的模板，如果你愿意，可以从模仿练习开始，慢慢就可以应用自如了。每个人的具体情况不同，有的人仅仅在第一步后，情绪就平复了，有的时候需要其中的几个步骤，有的时候需要完整的七步法，你可以根据自己的需求任意选择，目的是能够安抚自己，成为越来越智慧的自己。如果想对自己和他人有更深入的了解，完整的七步法会对你很有帮助。

海蓝幸福家情绪梳理七步法记录表

日期	编号
第一步：自我关怀	
① 停下来，深呼吸，为情绪命名	
② 身体定位	
③ SSA：软化，安抚，允许	
S 软化：把手放在身体不舒服的部位，让它变得柔软	

S 安抚：像对待小宝宝一样安抚痛苦的灵魂，给予接纳、支持、爱的语言	
A 允许：不对抗，不评判，让一切自然流淌	

第二步：探索需求

我究竟想要什么	
对方究竟想要什么	

第三步：情绪管理 ABC

A 事件	B 解读		C		
			你的情绪	你的行为	结果
	解读 1				
	解读 2				
	解读 3				

第四步：与智者对话

第五步：核对

第六步：再次发生的行动计划 (可操作 , 可量化 , 可执行)

第七步：收获总结

海蓝幸福家情绪梳理七步法练习范例

案例1：与爱人之间的矛盾冲突

日期	2016.6.22	编号	No.1

第一步：自我关怀
① 停下来，深呼吸，为情绪命名
悲伤，孤独，愤怒。
② 身体定位
胸口闷，空。
③ SSA：软化，安抚，允许

S 软化：把手放在身体不舒服的部位，让它变得柔软	双手放在胸口，想象着金色温暖的阳光从头顶照射下来，我感到全身温暖起来。想象有一双温暖的臂膀，一会儿是男性的有力臂膀，一会儿是妈妈的柔软臂膀，拥抱抚摸我，让我感到特别温暖安全。
S 安抚：像对待小宝宝一样安抚痛苦的灵魂，给予接纳、支持、爱的语言	靠近并蹲下来对受伤的自己说：宝贝，我能抱抱你吗？你特别不容易，我愿意做你的妈妈，无论你遇到什么事情，我都会陪伴你、接纳你，和你一起面对。我明白你的所思所想、你想要什么，我永远不会抛弃你。

A 允许：不对抗，不评判，让一切自然流淌	亲爱的，你什么也没有做错，我知道你一直对他们善意相待，并做出积极的努力，毫不计较物质上的得失，我为你的言行感到骄傲。我也特别理解，其实你的内心是感到委屈的，你期待自己的善意和付出能够有所回报。所以你会失望，会感到受伤和愤怒。你希望老公能帮你，却没有得到他的帮助，所以你指责唠叨。我允许你有这些感受，你可以愤怒，可以悲伤。你怎样都可以。你不是唯一一个会因此感到困扰的人，你只是个普通人，也会被情绪带走。你不是唯一一个会通过指责的方式来要安慰要接纳的人。我看到你对此有很清晰的认知，只是常常会忍不住。没关系，这都是成长的过程，你只是需要时间，需要支持。我会支持你，也有很多人在支持你。

第二步：探索需求

我究竟想要什么	他能在公婆哥嫂面前义正词严地捍卫我的权利，不允许哥嫂说我。在我不高兴时，能心平气和地安慰我，接纳我。
对方究竟想要什么	希望我不要在意公婆哥嫂说了什么，做了什么，过好我们自己的生活。希望我能够理解他，不指责他，心平气和地说话。

第三步：情绪管理 ABC

| A 事件 | B 解读 | | C | |
		你的情绪	你的行为	结果
	解读1 他总是说不清道不明，和稀泥。根本就不在乎我的感受。	愤怒，憋屈。	指责他，翻旧账。	越说越生气，越说越委屈。

父亲节，老公请公婆哥嫂吃饭，哥嫂没来参加。我听到公公对老公说起，哥嫂说我的不是，说我会恐吓他们。我觉得匪夷所思。事后，老公说他没听到这句话，公公说他没说这句话。	解读2	他没有处理好和公婆哥嫂的关系，导致我受委屈。他在他们家没地位，很无能。	愤怒。	继续指责，觉得他无能，不能保护我，鄙视他。	讨厌他，责怪他，看不上他。
	解读3	他在我难受时，居然还不接纳我，他居然还觉得委屈，还把气撒到儿子身上。他变了，不爱我了。	委屈，悲伤。	沉默。	觉得自己特别委屈，他特别讨厌。
	解读4	他忙了一天，听我唠叨指责了好长时间，他的情绪也起来了。	理解。	停下。	各自冷静。
	解读5	公婆和哥嫂的态度对他也有搅扰，他不舒服，他在自己承担着。	理解，平静。	什么也不说，陪陪他。	互相支持。
	解读6	他确实没有听到公公说的那番话，他认为根本不必在意那些。别人爱说什么，他管不了，他希望我不要受哥嫂的影响，因为这会伤害到我们之间的关系。	感到有点压力。	不指责他，自己去处理情绪。把自己的决定告诉他。以后还是不参加家庭聚会了，我已经尽力了。我们都要顺其自然，尽力就好。	互相理解。

解读7	他很用心，不计较，多次主动邀请，希望一家人能一起聚聚。但是没有想到哥嫂不来，还说我的不是，让我难过，引起争吵，这让他也感到懊恼。	理解，心疼。	停下。	看到他的善良孝顺感恩担当，还有他的不容易。
解读8	他心疼我，担心我生气，他很着急。	感到被关怀，被爱。	去感受他对我的关爱。	互相理解。

第四步：与智者对话

我：智者，我觉得很难过，老公没有保护我，是他没有做好。

智者：亲爱的，我知道，我明白。你希望他能做你没做的事，说你没说的话，挡在你的面前，做你的代言人，是吗？可是在他的立场上，他并不能体会你的这个需求。你觉得很委屈，可是在他看来，完全没必要为哥嫂一句不负责任的话而感到生气。他了解你的为人，他爱你，别人怎么说，他完全不在意。他认为有他爱你，他记得你的好就足够了，所以不需要和哥嫂据理力争，告诉公婆他的态度也没用。所以他没有这个需求，自然想不到去做你所谓的义正词严的表达。而事实上，这是你的需求，你可以自己表达，而不是要求他为你做这些。

我：那他不接纳我，还发脾气，我觉得他不爱我。

智者：就像你刚才的解读一样，他也有自己的情绪，也会发脾气。我看到他已经尽力地心平气和了，正是因为他关心你，他才会这样。你想一想，当儿子不高兴指责你时，你是什么感受呢？你是不是也有忍不住的时候呢？你再好好感受一下，在你们的生活中，他是不是爱你？

我：是的，我感受到了他的爱，也感受到他对家庭的担当。可是他对儿子发脾气，大声说话，用手指着儿子，很凶，还把钱包狠狠地砸在地上，就像要打儿子一样。我对他特失望，也很担心儿子会有创伤。

智者：哦，亲爱的，宝贝当时一定也吓着了。不过你也知道，担心自责并不能帮到他，只是一种逃避。亲爱的，其实你做得很好。你已经和儿子谈过了，已经告诉他那天你和爸爸心里的爱的能量洒出来了，爸爸妈妈不该发脾气。而且这不代表他不好，不代表爸爸妈妈不喜欢他。我看到你做得很好。对孩子来说，成长就是会面对各种不舒服的体验，他没有那么脆弱。最重要的是让他从中学会管理情绪，划清行为的界限，承担行为的后果，学会勇敢而理性地表达自己的需求。而且，你们在平时也给予他很多的爱，孩子能感受到。你们一直在努力，也要相信孩子。亲爱的，不要苛责自己。我相信你！

第五步：核对

他觉得不用在意哥嫂的言行。也没必要说，说了也没用，他了解公婆和哥哥。他已经做了该做的，问心无愧。他希望我不要受影响，过好自己的生活。但是以后有机会他会向哥嫂表达，希望哥嫂不要说我的不是。

第六步：再次发生的行动计划（可操作，可量化，可执行）

1. 保持距离。如果哥嫂邀请，我会去。
2. 我会自己问清楚，表达我的界限和感受。不再装大度，一个人憋着忍着。
3. 想对老公唠叨指责时，去做蹲起50个。
4. 感受并允许自己的不满和愤怒，不压制，通过呼吸回到身体，关怀自己。

第七步：收获总结

1. 对公婆哥嫂还是有不满和愤怒。而且，我不允许自己有这样的情绪，当期待没有实现，就迁怒于老公。对公婆哥嫂需要个案处理，或者可以自己尝试处理，把愤怒表达出来。

2. 划清界限。期待老公做我没有做的事，说我没有说的话，必然是失望。

3. 这次有情绪和以前不同，能觉察到自己的期待，知道是在向老公要。在情绪中其实想过很多次可以停了，这是我自己的事，要是要不来的，这么做会背离我的目标。大脑中已经有了这个意识，但是停下会很难受，于是想测试老公的底线，侥幸而任性地希望：或许他会接纳我呢！事实证明这样无效，唯有自己停下。

4. 回顾这件事，对自己有了更多的接纳和认可。对待公婆哥嫂，我和老公都问心无愧。也并不是所有的关系都要亲亲热热才是好的。该做的努力做过了，顺其自然吧。或许目前这只是我们的需求，而他们有自己的需求，他们觉得这样很好。那就尊重吧！

案例 2：考试焦虑，被人训斥

日期	2016.5.3	编号	No.2

第一步：自我关怀

① 停下来，深呼吸，为情绪命名

紧张，害怕，不自信，焦虑，担忧，自责。

② 身体定位

喉咙至胸口堵，手抖，想哭。

③ SSA：软化，安抚，允许

S 软化：把手放在身体不舒服的部位，让它变得柔软	把手放到喉咙和胸口，感受手的温度，告诉自己我在呢！让右手自然发抖，让眼泪流下来。吸气，包裹身体不舒服的部位，并深深地吐气，然后把恐惧、害怕、紧张全都吐出，并告诉自己变软。
S 安抚：像对待小宝宝一样安抚痛苦的灵魂，给予接纳、支持、爱的语言	哦，宝贝，我知道你非常难过，这么被教练骂。无论你在他眼里有多么不堪，你都是我最亲爱的佳佳。我会一直陪着你，无论你难过、恐惧、紧张，我都会陪着你。
A 允许：不对抗，不评判，让一切自然流淌	亲爱的，我知道你此刻是紧张、恐惧和害怕的，你想消除它，但是它好像越来越强烈。我会一直陪伴你来面对它们。哦，亲爱的，你已经尽力了，我看到你被骂的场景，我能感受到你的努力，你也想把事情做好。哦，原谅自己的失误吧！不要再责怪自己。你是那么努力，那么想把事情做好。

第二步：探索需求

我究竟想要什么	支持，认可，鼓励。
对方究竟想要什么	认可，舒心，休息。

第三步：情绪管理 ABC

A 事件	B 解读		C		
			你的情绪	你的行为	结果
明天就要驾校考试了，但是今天在练车时，我被教练骂得狗血淋头。他骂我猪脑、去死好了、傻逼等非常难以入耳的话。我被骂后，更加犯错，我不吱声也被骂，吱声也被骂。他的骂声让我开始对自己失去信心。内心觉得第二天考不出来了。	解读1	我是做错了，我也不知道我为什么会练错。	自责5分，低落6分。	不敢吱声，让教练骂。	感觉很委屈。
	解读2	教练没素质，这种脏话也骂的出口，真是难以入耳。	愤怒7分，委屈6分。	自己憋着，特别想顶嘴。	自己憋成内伤，然后说出来的话也有些愤怒。
	解读3	我很委屈，我感觉我已经尽力了，为什么他骂的这么难听？	委屈6分，难过5分。	哭，流泪，抗拒练车。	越来越不自信，越练越错。

解读4	这些错误已经印在我脑子里了，我很害怕明天考试时会再错，不及格。	焦虑6分，害怕5分，担忧5分。	手抖，注意力集中不了，心很着急，情绪反应在身体上。	不自信，脑子里全都是考不过的场景。
解读5	这个教练骂人他一定不好受，而且他一定是一个有很多痛苦的人，因为他口里的语言听不到任何快乐。	平静5分，理解5分。	了解事情真相，看到他骂人不是针对我，而是他在发泄自己的怒气。看到自己的努力练习。	愤怒和害怕减少，变得平静，觉得自己没有自己想的那么糟糕。
解读6	如果考不过，我也可以再考一次，教练可能会骂得更凶，我看出他就是觉得自己的付出与回报不对等，所以满身都是怒气。我有我的解决办法。我恐惧的其实不是考不过，是他的怒骂。	平静8分。	接受成功和失败，无论怎么样我都接受，各有各的体验。我只想着尽力去考，先不担心考不考得过的问题。	手不再抖，身体也舒服了。

	解读7	这对我来说只是人生的一次经历而已，不是考试。无论结果好坏，都会过去。	放松6分，安宁7分。	整个人放松下来，脑子里不去想考试不合格的画面，带着体验的心去面对明天的考试。	焦虑、紧张、担忧明显减少。

第四步：与智者对话

智者：你这么害怕考试失败，在害怕什么？

我：我害怕我考不过，又被教练一顿骂。我再回去练，教练会不愿意教我，或没好气地跟我讲话，或直接就是骂我。真的难以面对考试失败后被教练怒骂、奚落的场面。

智者：宝贝，你看到什么？

我：我不是在害怕考试本身，而是在害怕考失败后，有一个人会很愤怒地对待我，让我感觉自己像犯了错误一样，感觉自己是不好的。

智者：万一真的没有通过，对你来说是好还是坏？最坏的结果是什么，能不能接受？

我：不算坏，因为就算这次没有通过，我也还可以再考一次，而这会变成我生命中的一次体验。对于没考过教练的态度，我不能控制。这次这么紧张反而让我看清，我害怕的不过是对方的愤怒和口出恶语。而我也看到，他以为是在为我们付出，用假期来教我们学车，不过是他为自己自私找的理由。最坏的结果就是再来一次，费时费力，还要再经历一遍被骂的过程。也不算太坏，能考过就好了。

智者：现在感觉怎么样？

我：轻松不少，就当作一场游戏去玩吧，玩得好玩得坏，不过是人生的一场游戏，怎么玩都不会太糟糕，都会有不一样的境遇和精彩。

第五步：核对

无

第六步：再次发生的行动计划（可操作，可量化，可执行）

1. 自我关怀，先安抚自己身体，和身体连接，看到事件背后的情绪，看到情绪后面的需求。看到情绪中的自己，给自己关怀，让自己的身体舒服起来，情绪放松下来。

2. 害怕担心自己做不好，想象最坏的结果，问问自己能不能接受。然后去面对，去体验，去经历每一个过程。

第七步：收获总结

1. 真的非常感谢自我关怀，让我在如此焦虑、紧张、害怕、担忧的情况下，用一个小时让自己平静下来，淡然地面对即将来临的考试。教练的辱骂，教练的不看好……这些都让我看到我自己真的尽力了，我看到了自己的努力，我不再责怪自己，而是鼓励自己，安抚自己，让自己的身体变得轻松，晚上能平静地和教练一起吃饭。

2. 看到自己的力量在增长，对人的理解在提高。我能够面对这样的骂声，然后从中走出来，关注到自己的真实需求，而不是沉浸其中，一直紧张，一直担心。我能看到教练借着付出的面具在索要我们的认可、支持或者说物质的给予。我看到他的匮乏，他内心的痛苦。当我看到这里，我不再把注意力集中在他的骂声上，我回到了我自己身上。每个人都有痛苦，他没法面对他的痛苦，但是我可以面对我的痛苦，我为此感到欣慰。

案例3：孩子教育的烦恼

日期	2016.5.12	编号	No.3

第一步：自我关怀

① 停下来，深呼吸，为情绪命名

急躁，不平静。

② 身体定位

肩膀和脖子僵硬。

③ SSA：软化，安抚，允许

S 软化：把手放在身体不舒服的部位，让它变得柔软	把手放在这个部位，感受爱抚和放松。每一次呼吸都能够放松，使僵硬的肩膀和脖子松软。
S 安抚：像对待小宝宝一样安抚痛苦的灵魂，给予接纳、支持、爱的语言	给予自己深切的关怀还是有一些难，还有不接纳自己的部分。我对着自己喊了无数次的宝贝，身体稍稍有了一点温热的感觉。
A 允许：不对抗，不评判，让一切自然流淌	作为妈妈，我也做了很多努力。虽然在我心里，你对孩子的态度和陪伴是不够的，但我还是理解你，因为你已经尽可能地在陪伴孩子和爱孩子。我愿意接纳我自己的态度，对孩子的态度也是我对自己的态度，感谢孩子愿意让我做她的妈妈！

第二步：探索需求

我究竟想要什么	我想要做一个温柔的妈妈，对孩子充满尊重和爱的妈妈。
对方究竟想要什么	想要一个态度温和的妈妈，能够多多陪伴她的妈妈，给予关怀和尊重的妈妈，不强迫自己的妈妈。

第三步：情绪管理 ABC

A 事件	B 解读		C		
			你的情绪	你的行为	结果
早上，女儿醒来让我送她上学，又哭又闹，而我没有做准备，没有洗头，没有刷牙、洗脸，就没有答应她。女儿一直哭闹，我没有控制住，又发了火。当时老公也急了，我又向老公发了火，最后给孩子说了难听的话，还用手指着孩子说，都是她把家里弄得不安宁。	孩子就是事多，性格执拗，真是能磨死人。	解读1	急躁。	真想不要她算了，真麻烦。	深深伤害了孩子。
	怎么永远都无法满足她的需求，接二连三，没完没了。	解读2	愤怒。	对她说难听的话，不耐烦。	与孩子感情隔离。
	有人送你不就行了，天天这那的，没完没了。	解读3	烦。	想远离。	孩子是无辜的。

	解读4	孩子多么渴望妈妈有质量的陪伴和爱，她内心的声音总是不被妈妈理解。	心疼。	想亲吻孩子，拥抱孩子。	亲子关系和谐。
	解读5	我在工作上投入的时间太多，陪伴孩子的时间太少，对孩子也不够用心。	懊悔。	检讨自己，要改正，说到做到。	孩子会感动。
	解读6	我对自己深深地不满和责怪，我觉得自己什么事情都没有做好。孩子的要求也无法满足，看似对孩子发火，实则是对自己的责备和不满，内心对自己的声音是：你能干成什么呀，什么都做不好，你看看你的蠢样儿，最后通过孩子发出来了。	惊讶。	逐步认识自己，发现自己。发现事物的真相。	提升自己。

| | | 我的忙碌中有很多恐惧，恐惧的忙碌是无效的，影响工作、人际关系和学习。 | 平静。 | 需要持续的自我关怀。 | 与自己的关系融洽。 |
| 解读7 | | | | | |

第四步：与智者对话

我：亲爱的智者，最近常常来找您，我需要您的帮助。

智者：孩子，我这里无论什么时候都欢迎你。怎么了孩子？和我说说吧！

我：亲爱的智者，我心里很惭愧，在对待孩子上面，我总是没有耐心，一次次地伤害孩子。孩子虽然不计较，但我内心很愧疚，想起了很多往事。比如，孩子3岁多时的那个"六一"儿童节，我们到幼儿园后，孩子看见我就哭，要回家。当时我就跑下楼了，不能接受孩子那个样子。后来演完节目，她说耳朵疼要回家，坐到车上时又说不疼了。我和孩子的爸爸都火了，觉得孩子撒谎。我俩在车上大声地嚷嚷，下车后，老公还用脚踢了孩子，我也很冷。这只是其中一件，我们和孩子之间发生了太多不愉快的事情。又如，老公无数次地要把孩子弄到楼道里，我也这样做过。还有前两天的一个晚上，我让孩子去刷牙，让她刷了两次，我都觉得不彻底，就又强行帮她刷了一次。这个过程就像在强奸一个人一样，我特别后悔，为什么我在孩子面前是这样一副嘴脸，然而孩子很快就原谅了我。我保证不再这样对她了，现在想想有太多对不住孩子的地方，我不是一个好母亲，没有好好善待我的孩子。智者，我还能原谅自己吗？这些会给孩子造成大的创伤吗？我觉得我和老公做得不够，没有把心里对孩子的爱表达出来。

智者：孩子，虽然你深深地责备自己，我还是深深地理解你。孩子，我相信这不是你的初心，你也是第一次做妈妈，同时，你也是一位非常不会爱自己的妈妈。所以，放下对自己的责怪，接下来好好地善待和养育自己的孩子。你的孩子很智慧，很聪明，悟性也很好。好好培养你的孩子，好好爱她，尊重她，理解她，接受她，重新和孩子建立关系，抱着好奇的心去了解孩子。有一点我也不得不说你，对孩子要用心爱，那纯真的心灵需要父母爱的滋养和浇灌，切记。过去的都已经无法回头，只能成为前车之鉴，好好反思今天怎么做，怎么付出行动去照顾孩子。同时，对自己的关爱和接纳的功课不能停止。

我：谢谢智者，有您真好，我知道怎么做了，我会好好善待孩子和自己的。谢谢智者！

智者：孩子，成长是一生的路，也不要对自己太苛刻了。你已经尽力了，一定要学会好好善待自己。孩子，我会永远爱你！

第五步：核对

无

第六步：再次发生的行动计划（可操作，可量化，可执行）

再次发生，闭口不说话，不说难听的话，停下来深呼吸，问问自己为什么气急，需求是什么。这需要很深的自我探索。

第七步：收获总结

我深切地发现，孩子是一面明亮的镜子，能够照到我不足的地方，让我看到自己需要成长的地方。我所有的努力都是在包装自己，让自己看起来像个样子。实际上，努力的方向都是反的，其实我最需要的是让孩子感受到我的爱。孩子是我的最爱。在几次自我关怀的课堂中，我心中出现的都是我的孩子。孩子是我的天使，她能够带我走向开悟；孩子是我真正的老师，我要好好地爱她，了解她，尊重她，支持她。我要把握好与孩子的界限，绝对不会强迫她。孩子的生命，让她自己做主。在孩子身上，我看到了快乐的本性，那就是知足、不计较。我要抽时间好好看看詹文明老师的《天才儿童》和《家庭文化》，我真的需要在这方面下功夫了。关系是生命，更需要滋养！

美

静观自我关怀：
找到世界上
最爱自己的那个人

不与自己对抗，你就会更强大
——初识静观自我关怀

　　2011 年，距离汶川地震已经过去了三年的时间，而我们对许许多多受伤的灾民救助也满了三年。三年来，我带领着"5.12"心灵守望救援团队，奔波穿梭在被地震震塌的泥泞道路上，在不断有山体滑坡、石头滚落的山间小路上，在灾后重建的尘土飞扬的城镇中，经历了资金匮乏以及来自各方面的重重阻碍。我感到自己身心疲惫，非常需要被关怀、被支持。

　　因为在救援过程中，我是临床总督导，是一个支持他人的人，一个被人依靠和依赖的人，周围的人觉得我就是大树，是一个永远精力充沛、不知疲倦、不需要被他人关怀和照顾的人。可我从自己变得越来越急躁的情绪中，从身体的疲惫无力中，从有时不想工作的状态中，知道自己已经开始有职业倦怠感了。我也需要被关怀和照顾，我也希望能有一个坚强的臂膀可以依靠。然而环顾四周，我好像找不到可以支持我，并能让我依靠和依赖的人。

　　于是，我就上网去查找有没有自我帮助和关怀的内容。

结果，我很幸运地发现了哈佛大学临床心理学家克里斯托弗·肯·杰默老师和他的静观自我关怀，并订购了杰默老师的书《不与自己对抗，你就会更强大》(*The Mindful Path to Self-Compassion*)。这是第一本让我感动流泪的心理学书。静观自我关怀让我知道了，原来我们每个人都有一个坚实的可以依赖的臂膀，原来每个人内心都住着一个准备时刻关怀我们的妈妈，一个能够准确地理解我们的感受，知道我们的需求，并愿意支持帮助我们的最好朋友；一个随时可以聆听我们的心声，帮我们答疑解惑，指引我们方向的智者。而我们唯一需要做的，就是学习 Ta、发现 Ta、体验 Ta。

静观自我关怀的创始，源于寻找更有效的化解痛苦的方法。美国德克萨斯大学的克里斯汀·奈弗教授是世界公认的"自我关怀之母"，在她的儿子大概两岁左右，她发现孩子患有严重的自闭症。这段不同寻常的人生经历，促使她不断地研究与践行自我关怀，还写作并拍摄了纪录片《马背上的男孩》。她对于身处同样困境的父母，有了深切的感同身受，这也使她更深切地理解了静观自我关怀的深远意义。

静观自我关怀的另一位创始人克里斯托弗·肯·杰默博士，是一位世界级的静观与心理治疗的领航人。在从事心理治疗的 30 年中，他越来越深刻地了解到，学会自我关怀是一个人心理健康和幸福的基石。他在全球不同的国家带领静观自我关怀教练的培训课程。有趣的是，许多年前他其实非常害怕当众讲话。在他的书中，有这样一段描述：

非常著名的心理学家杰克·康菲尔德（Jack Kornfield）曾经

打趣地说道："根据大多数研究，人类第一害怕的是当众讲话，第二害怕的才是死亡，死亡只排第二。这是什么样的感觉？这说明对正常人来说，如果你去参加葬礼，你最好躺在棺材里，而不是去念悼词。"

人类对当众讲话的恐惧十分普遍。当站在一群听众面前时，至少有三分之一的人会感到非常焦虑，其中十分之一的人发现这种焦虑明显地影响到了自己的工作。而我自己也曾经被当众讲话的焦虑困扰过多年。

如果我准备做一次重要的演讲，在临近演讲前就会感到自己胸口憋闷、心跳加剧、肌肉紧张。这种烦恼每次都会出现，特别是当我打算讲一个新话题，又没有做足充分准备的时候。我脑子里想象着，自己不断地清着喉咙，笨嘴拙舌地吐着字句，讲着没人会笑的笑话，看到观众由于我的表现而呈现出痛苦表情，其中还有人因看不下去而想帮我。因为这种场景以前在我身上确实发生过。

我越想避免这种情况，这种情况就越容易出现。如果大家对我的感受还不能完全理解，可以去看一部叫作《国王的演讲》的电影。英国国王乔治六世演讲时的情形，几乎就是所有害怕演讲之人共同的心理特征：紧张恐惧、口干舌燥，说不出一句完整的话。

所以，越是努力想要抗拒内心的紧张恐惧，内心的紧张恐惧就越强烈。

其实，我之所以如此恐惧演讲，是因为我太渴望受到欢迎，想要表现得更聪明、更有魅力，而不是让观众感到厌烦无聊。我错误地以为，如果每一位观众都能认可我，我就会感到特别满足。但是，我忘了当众演讲的另外一个重要目的是将有价值的信息传达给别人。为了克服当众讲话的焦虑，我曾使用过一个策略，就是将自己的注意力转移到我希望传达的信息上。例如，如果演讲的主题是脑科学，在演讲过程中就让自己集中精力，传达几个关于脑科学的有用观点。我发现，转移注意力确实能够起到一定的作用。

然而，当我真正的内心依然是试图在观众面前表现得不那么紧张时，这种技巧就只能部分地解决问题。一位名叫高登斯坦的静观老师说过："生活产生于动机的最顶端。"也就是说，当我在公众演讲时，如果我的动机是不要表现得紧张，我的大脑里就会有一个小监控器，一直在问："你紧张吗？你现在紧张吗？"这个来自自己头脑中的不停追问的声音，提醒我不断注意自己努力压制焦虑感，使我对自己的焦虑感到更加焦虑，最终成为恶性循环。

对于当众讲话产生的焦虑，真正持续有效的解决方法就是：随它，让焦虑来吧！当我不再压抑、回避和对抗焦虑，而是接受自己的焦虑，并带着焦虑一边颤抖一边讲话时，我的焦虑也就很快消退了。我对焦虑的坦然接受，终止了整个恶性循环。

2009 年克里斯托弗·肯·杰默博士和克里斯汀·奈弗教授一起创立了 8 周静观自我关怀的培训系统。现在，静观自我关怀的培训遍及了全球 22 个国家 11 种语言。

克里斯托弗·肯·杰默博士是一个既有理论又有大量丰富实践经验的专家。更重要的是，他是一位不可多得的知行合一的老师。每一个去过他的课堂，并参加过他的督导的人，都深深地体会到他的温暖和慈爱。

陪你从出生一直到死的那个人是谁

请大家想一想：在这个世界上，能够陪伴你从出生一直到离开人世的那个人是谁？其实，只有你自己。除了你，没有人能够彻底了解你所有的喜怒哀乐，没有人能够真正知你懂你、知道你的梦想，没有人能够完全了解你的需求和委屈。所以，一个人真正可能的心灵伴侣，只有自己！

不管一个人多么努力，多么付出，多么投入，人生总会有失败的时候，总会有犯错的时候，总会有不尽如人意的时候。这时，你的反应是什么？你是不是也和大多数人一样，对自己说："我怎么能这么蠢呢？""我怎么就不知道控制一下自己的情绪呢？""我真的不行吗？""我怎么这么没脑子？"

停止射向自己的箭

克里斯托弗·肯·杰默博士发现，我们每个人都会遭遇两支箭的攻击。一支箭是外界射向我们的，它就是我们经常遇到的困难和挫折本身；第二支箭是我们自己射向自己的，它就是因困难和挫折而产生的负面情绪。第一支箭是外伤，第二支箭是心伤。

我们越是挣扎对抗，越是深陷其中。

在面临困境的时候，我们很多人的本能反应是评判、自责、羞愧、内疚、怀疑，继而远离人群，或者抱怨连天、指责他人，也有的人选择一醉方休。其实，我们完全可以有更好的方法，比如给困境中的自己提供自我支持，那就是静观自我关怀。很多朋友可能会问，到底什么是静观自我关怀？

静观（Mindfulness）是对当下不加评判的觉知，也就是如实、如是地觉知此时此刻的自己，包括自己的身体、情绪、想法和行为。

静观自我关怀，就是和自己经历的这些痛苦相处，并带着善意和温柔来对待处在痛苦中的自己。静观自我关怀是有温度地静观。静观说：此刻我在经历什么？自我关怀说：此刻我需要什么？静观说：感受你的痛；自我关怀说：爱惜正在经历痛苦的你。

我做老师多年，也一心想成为一个满怀温暖与慈爱，能够给予学生们温柔鼓励的老师。可是有时候，看到学生们做的事情，真的离我的标准相差太远，甚至匪夷所思，心里就气不打一处来。平时，我常对学生们说，发脾气的人，不论他是谁，都是猴。心里不高兴可以，但首先得让自己静下来，平静的时候再与对方交流，做一个利人利己的人。

记得有一次，我的一个学生做了一件让我非常生气的事情，刚好赶上那段时间事情特别多，我感到身心俱疲，于是全然忘记了自己平时的理论，当着很多人的面朝着那个学生就发火，用的言辞也很激烈，咄咄逼人，没有给她留任何面子。记得当时的她眼含泪水，非常伤心。

这事发生之后，我感到极度内疚：作为老师，我不仅没有以身作则、表里如一，而且违背了利人利己的原则，伤害了他人。我对自己当时的表现非常不满，内心充满了对自己的批判和指责。虽然我知道内疚和自责于事无补，只会消耗更多的能量，然而只要一想起那天在场的学生们会怎样看我，怎样想我，我就非常难过。

后来，我想起了静观自我关怀，便停下来深呼吸了几次，并对自己说："海蓝，我知道你此时很难过，你对自己不能为人师表很不满意，你觉得自己做得很不好，既伤害了学生，也伤害了自己。然而，人无完人，你一定不是唯一一个犯这种错误的人，相信有许多老师也有过与你类似的经历和体验。最近一段时间以来，你的身心都在超负荷运转，所以疲惫烦躁。人在疲惫烦躁的时候，就容易进入'猴'的反应状态。愿你接受自己的不完美，原谅自己，愿你平静，愿你心安，愿你未来做得更好。"

经过这次自我关怀后，我的心情平静多了，停止了射向自己的第二支箭。毕竟，自责不能改变已经发生的一切。自责的作用是意识到自己犯错，陷入自责之中就没有意义了，它只会剥夺未来改变和改善的时间与能量。情绪，特别是内疚和自责的情绪能量很低，不会对任何事情产生积极的意义。只有行动，才能带来改变。

人生中的大多数痛苦，都是自己跟自己过不去

静观自我关怀（Mindfulness Self-Compassion），就是

在我们经历挣扎、失败，或感到无力、无能、无助时，能像对待最好的朋友或爱人那样对待自己，像我们希望别人爱我们那样对待自己，充满善意、怜悯、温柔、慈爱、理解与同情心！这并不是很容易，只有 20% 的人能够做到。在我们遭遇严峻考验时，能够做到的人会更少。

回顾自己的经历，你会发现，人生中的大多数痛苦跟别人并没有多少关系，主要是我们自己跟自己过不去。

人生最大的敌人从来都不是别人，而是自己。这个世上有太多的人，不会好好接纳自己，始终在与自己对抗。亲爱的朋友，我们到底要走过多少的艰难和苦楚，我们到底要经历多少的徘徊和曲折，才能走上静观自我关怀的旅程呢？

静观自我关怀，让自己成为爱的源头！幸运的是，每个人都可以学会自我关怀。看到这里，也许你会问：静观自我关怀这么重要，我也很想进行自我关怀，那么到底怎么才能关怀自己呢？

人人都能掌握的静观自我关怀法

　　静观自我关怀有很多种不同形式，每个人在不同的情况下需要的练习不同，感受也不同。下面，我根据全球静观自我关怀中心编写的8周课程指导手册，选择一些我认为容易学习和练习的方法分享给大家。你可以根据自己的需要来选择。如果你愿意，也可以在海蓝幸福家的官方网站免费下载练习的指导录音。

　　你可以先尝试一下每一种练习，然后根据需求选择适合自己的练习。

即时自我关怀（5 ~ 10分钟）

　　当你注意到自己有压力或情绪不适时，看看你是否能在身体里找到这份不适。哪里让你感觉最不舒服？当这些感觉在身体里升起时，与它们进行连接。

　　现在，慢慢对自己说：

1."这是痛苦的时刻。"

　　这是静观的觉察。其他说法包括：

○ 我真的很痛苦。

○ 嗷!

○ 我现在很有压力。

2. "痛苦是生活的一部分。"

这就是人性的共通之处。其他说法包括:

○ 我不是唯一一个有这样感受的人。

○ 我们都在自己的生活里挣扎。

○ 人们在挣扎时,都会有这样的感受。

现在,将你的双手放在胸口,或其他任何让你感到舒适的地方,感受手的温度和轻柔触感。对自己说:

3. "愿我善待自己。"

学会善待自己,看看你是否能找到自己此刻最想听的话。

其他说法包括:

○ 愿我接受本来的自己。

○ 愿我给予自己所需要的关怀。

○ 愿我学会接受原原本本的自己。

○ 愿我原谅自己。

○ 愿我强大。

○ 愿我安全。

如果你实在找不到合适的话语,可以想象你有一个好朋友或你所爱的人正经历一个类似的困难,你会对他说什么?

现在看看你能否对自己说同样的话,传递同样的支持和温暖。

放松抚触（5 ~ 10 分钟）

当你感到难过的时候，有一个简单的方法可以安慰自己，那就是温柔地拥抱或抚摸自己，或者把手放在胸前，感受手的温度。

开始时，你可能会觉得尴尬，但你的身体不会尴尬。身体只对感受到的温度和关怀起反应，就像婴儿回应妈妈的拥抱一样。我们的皮肤惊人地敏感。研究表明，肢体触碰会产生催产素，从而给人安全感，安抚痛苦情绪，并能降低心血管压力。所以，为什么不尝试一下呢？

每当感到难过的时候，你就尝试把手放在胸前，一天几次，坚持至少一周。

手置胸前

○ 当你觉得有压力的时候，做 2 ~ 3 次能让自己感到舒服的深呼吸。

○ 轻轻把手放在胸前，感受手的温度和细微的压力。如果愿意，你也可以把两只手都放在胸前，留意放一只手和放两只手的差别。

○ 感受你的手触摸你的胸膛。

○ 感受吸气和呼气时，胸膛自然的起伏。

○ 想持续多久就持续多久。

有些人可能会觉得把手放在胸口不自在。你可以随意探索身体的各个部位，找到真正能够让你感到安抚和放松的地方。这些地方可能包括：

一只手放在脸颊上；

双手捧着脸；

轻轻抚摸你的双臂；

双臂交叉并轻轻挤压；

轻轻按摩或抚摸胸口；

手放在肚子上；

一只手放在胸前，一只手放在肚子上；

用一只手握住另一只手，然后放在腿上。

关怀自己最简单、最直接的方法就是在需要时安抚自己的身体，希望你能开始建立这个习惯，充分感受到它令人惊讶的效果。

足底静观（5 ～ 10 分钟）

这是个非常有效的、能够让你将注意力锚定在身体感受上的方法，特别是当你感到难过和不能冷静下来的时候。

○ 站起来，感受双脚脚底踩在地面上的感觉。前后轻轻摇晃，再左右轻轻摇晃。用双膝小范围划圈，体会双脚脚心感觉的变化。

○ 当你发现思维飘移，就再次感受自己的双脚脚底。

○ 如果愿意，你可以开始慢慢走动，注意脚心感觉的变化。留意提起一只脚、向前迈一步，以及将这只脚放回地面的感觉。当你走动的时候，感受两只脚的感觉。

○ 当你走动的时候，同时留意一下你的脚表面积有多小，却支撑着你整个身体，带你走过千万里路，看看你能否带着欣赏和感激来关注它们。

○ 当你准备好了，重新站直。

温情呼吸（20 分钟）

这个练习最好找一个安静固定的地方。只要每天练习，就会成为心灵滋养，变得像每天吃饭喝水一样重要。

○ 找一个舒适的姿势坐下，让骨骼自然支撑着肌肉，这样你在整个练习中，都不需要花力气刻意保持这种姿势。

○ 做几次缓慢、自然的深呼吸，放松自己，放下所有不必要的紧张和负担。让眼睛轻轻合上，全闭或半睁半闭均可。如果愿意，你可以把手放在胸口，或其他任何让你感到舒服的地方来提醒自己，友好地关注自己的感受。

○ 现在，找到自己的呼吸，就在你最容易感受到呼吸的地方，也许是鼻尖、腹部、胸部，也许是你整个身体的轻微晃动，让自己注意到呼吸的轻微感觉。花一点时间感受自己的呼吸。

○ 试试看你能否像看着一个孩子或喜爱的宠物一样，充满好奇和温柔地关注自己的呼吸。

○ 你的思绪会像小狗一样跑来跑去，不用担心你的思绪飘移得有多么频繁。每当你的思维开始游荡，温柔地回到关注呼吸的感觉就好，就像把一个迷路的小狗或儿童带回家一样。

○ 关注呼吸是如何滋养自己身体的，让你的身体带着你呼吸，你什么也不需要做。

○ 现在来感受整个身体的呼吸，它随着呼吸而轻轻起伏，就像大海的波浪一样。

○ 如果愿意，你也可以让自己的身体随着呼吸晃动，让呼吸触摸自己的全身。

○ 把自己交给呼吸，让你"变成"你的呼吸，让呼吸带着身体，感受安抚的节律，随着呼吸起伏。

○ 你的思绪会像小狗一样跑来跑去，注意把它轻轻地带到当下，继续呼吸，成为呼吸。

○ 我们知道呼吸就在这里，随时随地都可以回到呼吸。

○ 允许自己就像现在这样，放松呼吸，觉知周围的一切。如果准备好了，请你慢慢地、轻轻地睁开眼睛。

给自己慈爱（20分钟）

当你感到难过和疲惫的时候，可以找个安静的地方，做以下练习。

○ 请找一个舒适的地方坐下或躺下，眼睛全闭或半闭均可。做几个深呼吸，回到自己的身体，回到当下。

○ 你可以把手放在胸口，或者其他任何让你感到舒服和放松的位置，以此来提醒自己不光是觉知，而且是带着爱意来觉知当下的体验和自己。

○ 然后，看看身体的哪个部位对呼吸的感觉最明显。感觉呼吸在身体里进出，当思绪飘走时，温柔地再次回到呼吸的感觉。

○ 慢慢地放松呼吸，对自己说一些充满慈爱和关怀的语句，多重复几次……这些话是你需要听到的，你可以慢慢品味这些话。

○ 如果你刚刚开始尝试在静观练习中加入慈爱的语句，试着打开心扉，想一想你最想听到的话是什么，哪些话让你感到充满智慧和关怀，对你有深刻影响。对自己轻声说出这些话，一遍又一遍。

○ 此时此刻，让这些话语进入你的身体。

○ 当你发现自己的思绪飘走，重新回到身体的感觉。回到自己的身体，就像回家一样。体会一下你刚才所说的话有多么重要。

○ 最后，放下这些话语，在自己的身体里静静地休息片刻。

○ 然后轻轻睁开你的眼睛。

世界上最爱你的那个人，就是你自己

人的一生不过是一场孤独的旅程。尽管我们希望能有一个人一生相伴、白头偕老，尽管我们希望能有一个人对我们至死不渝，但人世沧桑，千变万化，从出生到离开这个世界，真正能够始终陪伴自己的，只有我们自己。

愿意也罢，不愿意也罢，现实就是：没有任何人能随时随地给予我们需要的关怀和支持。早一些认识到这个生命的本质，就会少一些因寄望于他人而感到的失望和落寞。令人欣慰的是，我们可以选择好好地呵护陪伴自己。

事实上，当你真的学会了爱护自己，爱你的人也会纷纷出现，每个人都喜欢和一个内心富足而喜乐的人在一起。

这一生，我们都希望得到很多人的爱，得到很大的成功和成就，得到很多的认可和赞美。其实，亲爱的，我们只需要一个人的理解与爱，这个人就是自己。而静观自我关怀，是可以通过具体的方式方法去学习和练习就可以获得。

学会了静观自我关怀，你就像拥有了一个 24 小时在线、充满智慧与爱意的朋友。无论何时何地，面对何种情绪，遇到何种问题，你都不会觉得孤独。他会一直站在你身边，聆听你的需求，陪你去一起面对，给你持续的温暖和关爱。

愿你永远记得：世界上最爱你的那个人，就是你自己，所以请好好关怀自己。

每个人对这个世界的最大贡献，就是终于懂得爱自己，让自己变得快乐！

注：以上方法是自我关怀的基础，想要深入学习，可以登录静观自我关怀国际网站或海蓝幸福家官方网站进一步了解。

静观自我关怀中心网址：http://www.centerformsc.org/

海蓝幸福家网址：http://www.hailanxfj.com

如果您想自测自我关怀指数，扫描左侧二维码即可自测。

第八章
Chapt

8

培养积极情绪，
一切尽在手中

你的存在，本身就是奇迹

生活中，任何时候我们都希望好心情多于负面情绪。所以在通往幸福的道路上，我们除了要学会与负面情绪相处，更重要的是掌握培养创建积极情绪的能力。

如果把零作为平静的点，学会与负面情绪相处，不被搅扰，解决的是负数到零的问题；而培养良好的情绪状态，就会拥有使生活从零到无限丰富的能力。

和自己存在的奇迹相比，遇到的烦恼真不是事

女儿问我："妈妈，在茫茫人海中，你和爸爸相遇结婚的概率有多大？"

我说："世界上有 70 亿人，应该是 70 亿分之一。"

她说："不对，这其中只有一半人是男性。"

我答："那就是 35 亿分之一？"

她说："也不准确，就暂且这么认为吧！可是妈妈，你知道每个人的出生概率是多大？我看过一个科教纪录片，里面说一个男人一生中产生的精子数可达 1 万亿以上，而一个女人一生可以产

生的成熟卵子大概有 400 多个。1 万亿精子中的一个，和 400 多个卵子中的一个相遇的概率是多大？还有，爷爷和奶奶相遇，生出爸爸的概率；外公和外婆相遇，生出你的概率；以及爷爷奶奶、外公外婆的爸爸妈妈生出他们的概率。一直往前追溯，那么，一个人的出生概率究竟是多少呢？你的出生，也就是说一个完全的你来到这个世界的概率是 250 兆亿分之一。250 兆亿分之一是一个什么概念呢？通常中彩票头奖的概率是 1000 万分之一，飞机失事是 500 万分之一，就是在东京街头相遇的概率也要有几十万分之一。妈妈，我们每个人都是奇迹，我们的存在本身就是奇迹，我们都是中了超级彩票来到这个世界的。"

我从未思考过这个问题，和女儿的对话让我非常欣慰和振奋。我知道每个人来到这个世界不容易，但还真不知道有那么不容易。我确确实实第一次认识到：每个生命的存在本身就是奇迹！你知道吗？你的存在本身就是奇迹！

有多少人从未珍惜属于自己生命的珍贵和独特，在自卑、自贱、自怜、自伤中黯然神伤，有的甚至准备或者已经结束了自己的生命。这个世界上有太多的苦难，都源于无知。

我问女儿："知道你的存在本身就是奇迹，对你来说有什么意义？"

女儿答道："这会让我觉得存在本身就是幸运，让我在烦恼时看到，和自己存在的奇迹相比，遇到的烦恼真的就不算是事了，虽然我仍然会不高兴，但程度会降低。我也会经常被现实的烦恼带走而忘了自己的存在就是奇迹，所以人都需要经常提醒自己。"

我不禁感叹，有的时候，孩子就是你最好的老师。

不管云层如何变化，云层上的蓝天依然是蓝天

我们的动物本能，会使我们不由自主地把关注点放在没有满足的愿望和可能存在的威胁上。当自己的需求没有得到满足时，我们的思维会进一步狭隘，不是攻击对抗他人，就是自责逃避。我们经常既看不到自己，也看不到他人。

我们每个人其实都如同云层上的蓝天，天气不断变化，有时阴云密布，有时晴空万里，有时电闪雷鸣，有时彩虹满天。但不管天气怎么变化，云层上面的蓝天从未改变，那就是我们每个生命的本质。

如果我们能够在遭遇烦恼时，提醒自己是 250 兆亿分之一的机缘来到世上，你遇到的每个人都是一个无与伦比的奇迹，你们今生的相遇是多么梦幻离奇！也许他让你开心，也许他让你悲伤，也许他让你害怕，也许他让你生气。不论他唤起了你怎样的感受，相比于生命存在本身的奇迹，这些不都是大海上翻腾的浪花吗？不都是装点我们生活的色彩吗?!

真正的贵人不是别人，而是我们自己

我们常说助人，大部分人理解的助人只是在帮助别人，但实际上助人真正助的不只是别人，首先助的是我们自己。

有一个非常有名的故事：在一个风雨交加的晚上，一对老年夫妇走进一家宾馆，想要住宿一晚。无奈宾馆已经满员，但在前台接待的服务人员并没有对老年夫妇说宾馆已满员，请他们到其他地方住宿这样类似的话，而是体谅到两位老人在这样一个风雨交加的夜晚来住宿的处境和心情，满怀理解和关怀地对他们说："非常抱歉，我们这里已经没有房间了。但是天已经很黑了，如果你们不介意的话，可以住在我的房间。我晚上值班，可以待在办公室休息。"

看到这位年轻人很真诚，老年夫妇也就欣然接受了。第二天，老先生去结账，柜台仍旧是昨晚的那位服务人员，他微笑着回答："昨天您住的房间并不是饭店的客房，所以不收费用，也希望您与夫人昨晚睡得安稳！"老先生点头称赞："你是每个宾馆老板梦寐以求的员工。"几年以后，这位服务生收到一位先生寄来的信，信中邀请他到纽约一游。到达纽约后，他曾经帮助过的那位老先生带他来到一栋大楼前，并告诉他："这是我的旅馆，希望你来为我经营。"

这就是希尔顿酒店第一任总裁的故事！从这个故事中，你感悟到了什么？

很多人都希望自己的生命中能遇到这样的贵人，但总觉得命运不济，所以遇不到贵人。因为我们不知道一个真理：这个世上真正的贵人从来不是别人，而是自己。你为人处世的态度，你的人品，你对他人的体恤和关怀之心，你的善举，是你能否遇到贵人的根本所在。满心满眼都是急功近利，即便有贵人也让你吓跑了。

这个故事中宾馆的服务员，让那对老夫妇在雨天去他房间住的整个过程，让人看到他灵魂深处的善意和对他人的关怀。他本可以公事公办，多一事不如少一事，但却为了方便他人，费心周折。真正的人品往往在小事上，在和自己利益不相关时，特别是不怕麻烦方便他人时，才会真实地呈现。是他做人的品质让他遇到了贵人。

还有很多人觉得自己身处卑微，没有机会遇到贵人、碰到机遇。贵人也罢，机遇也罢，其实不由外界决定，取决于你自己。是你认为自己的命运取决于别人的思维模式，使你形单影只。

其实，在任何时候，当你真的开始行动起来去帮助别人的时候，你就会忘记自己的痛苦。而在帮助别人的过程中，你也会发现很多机会和自己的潜能所在，所以助人创造贵人。

人只要记住一个原则，不管是做什么事，不管是在什么环境中，尽可能做到利人利己，你会发现事情一定会越来越好，你的贵人也会越来越多。

把此刻的日子过好

做重要的事，见重要的人，当下无憾

我经常听到人们说"等我毕业、等我谈恋爱、等我结婚、等我生孩子、等我有工作、等我买房、等我退休后才去做自己喜欢的事，过自己喜欢的生活等等"。然而，等这一切都有了，也许没了胃口，没了体力，没了热情，没了亲情，没了健康，结果这一生就变成了一场无尽的等待。

其实我们每个人所拥有的只有今天，只有当下，所以别让自己的一生成为一场等待，珍惜眼前的这一刻。假如这一刻过得充实，我们的人生就多了一段快乐的时光；假如这一刻过得匆忙，那我们就会少一段幸福的时光。昨天已经过去，明天充满未知，从今天开始，做想做的事，见想见的人，去想去的地方吧。

如果生命只剩一个星期，你就知道什么是最重要的，谁是最重要的。

记得在汶川地震后，一个失去儿子的父亲告诉我，他最大的悔恨是在儿子短短的生命中，他所做的一切就是让儿子学习，考好成绩，没有安排其他内容。儿子曾多次央求他周末带自己去钓鱼，他老是说没时间，等他有了时间，儿子却没有了。

还有一对夫妇总想等到退休以后才去喜欢的地方旅游，结果真的退休了，丈夫却得了重病，哪里也去不了。我们经常是：有时间的时候，没有钱；有钱的时候，没时间；等到有钱又有时间的时候，却又没有了健康，所以哪里都没有去成。

有些年轻的夫妇，想着等孩子出生以后，再去做自己喜欢的事情。可是孩子出生以后，会有很多意想不到的事情，各种关系的协调适应，孩子的上学、恋爱、结婚、孩子再生孩子等等一系列的问题。

成长的每一个阶段都是新的开始，都会面临新的问题，我们所要做的不是单纯的等待，而是要活好当下。世事无常，我们不知道今天睡着了明天能否顺利地起来，也不知道早上出了门晚上能不能平安地回到家……

我们总以为有一辈子可以挥霍，其实我们有的只有今天而已。所以如何把此刻的日子过好，是我们最需要去思考的一件事情。而把今天过好其实也很简单，就是你在吃饭的时候好好吃饭，睡觉的时候快快睡着，看花的时候专注看花，看草的时候一心看草，使生活的每一个瞬间都充裕、饱满、丰富、细致，让自己的每一刻都过得踏实、精彩、有意义。这样即便明天离开，也无怨无悔，而不是一味等待不知还有没有的明天。

做重要的事，见重要的人，此生无憾。

做一个"招蜂引蝶"的人

人生不是一场交换，不是一场观摩，不是一场比较，不是一场抱怨，更不是一场等待的旅程。人生是一场在提高自己、帮助别人的过程中，展现自己潜能、实现梦想的旅程。偏离这个方向的旅程就会有很多纠结、矛盾、不安和痛苦。利人利己的路会越来越充实、温暖与和谐。不需问别人，你的心知道你在哪条路上。

人生短暂却又不自知，真是人生的悲哀。多数人的一生都会是喜忧苦乐交织共存，如果无论面对何种境遇，都能尽快恢复内心的宁静、与人的和谐，才是真正的成熟和成功。幸福不是等待的结果，也不是寻找的结果，而是向内探索发现、自己创造的结果。幸不幸福掌握在自己心中，也掌握在自己手中！

很多人都在等待和期待生命的奇迹。在爱情路上，等待白马王子的到来；在事业途中，期待伯乐的出现。因为结果难料、无法掌控，所以恐惧焦虑，让大把的时光在焦虑中过去了。要做一个"招蜂引蝶"的人，用每一个当下好好经营自己的生活，直到花满枝头，自然蜂拥蝶至，自有王子、伯乐恭候。

学会盘点，感恩自己拥有的一切

人的本能是盯着自己没有的一切，也因此常常难过、悲伤、失望。而学习关注我们拥有的一切，感恩我们拥有的一切，就会感到富足喜悦。但这种能力，不是与生俱来的，而是需要培养和训练。

你可以每周问自己一次，或者当因为求而不得感到难受时，问问自己以下的问题：

想想有多少人疾病、残疾在身

现在去做一个调查：

（1）中国有多少人是听不到、看不到、又不能够说话、四肢有残疾的？

（2）中国有多少人有高血压、心脏病、癌症、糖尿病、传染病以及精神疾患的？

（3）计算一下，在 100 个人当中，有多少人完全没有任何疾患？

调查之后，好好体会一下，有什么发现和收获。

盘点自己拥有的

究竟自己拥有什么？物质的非物质的？

有个姑娘盘点之后发现：

我很年轻，有犯错的机会，工作的机会，努力的机会。

我有整齐的牙齿，光滑的皮肤，不错的身材，瘦瘦的体形，健康的四肢。

我有够穿的衣服和鞋子，甜美的微笑，舒舒服服的小床。

我有亲密的爱人，健在的父母，一群从小到大的朋友。

我有开朗、善良、喜欢助人的性格……

盘点后的感受

许多人在盘点之后有如下发现和感悟：

（1）满足感：觉得自己特别不错，经历丰富、与众不同。

（2）"放下"的感觉：对自己不好的人，也许是因为他们生命中缺失的太多。

（3）变得开心：不是刻意的，而是自然而然由内而外的开心散发了出来。

人们常常是有了健康，就会想要很多很多的钱；有了钱，又想要车要房，升官发财；然后想要爱人全部的心思都放在自己身上。等到身体垮了的时候，就说只要健康，什么都可以不要。可悲的是，当我们想只要健康的时候，往往已没有了回头的路。

我们不应该陷在自己的不幸、自己的困境中怨天尤人，让负面情绪无限制地扩大。要知道每天每个人都会有自己的烦恼，

Chapter 8
培养积极情绪，一切尽在手中

但是每个人都在别人不知道、看不到的角落里坚强地生活着，对人生充满期盼和希望！

现在，世界上有些国家的平民在战火中颠沛流离，生命朝不保夕，我很庆幸自己生活在一个和平的年代和国度。这里没有战火，不用颠沛流离；这里远离瘟疫疾病，没有歧视。与他们比起来，我是如此幸福！

如果你做完以上练习，实在还是想抱怨，那么就在你抱怨的任何事情后面，加上一句"幸运的是，我还活着。"比如：

我的老板真讨厌，幸运的是，我还活着。

我的爱人不关心我，幸运的是，我还活着。

我的钱包丢了，幸运的是，我还活着。

我的孩子没有考上重点中学，幸运的是，我还活着……

学会欣赏自己

当别人夸奖或赞赏我们的时候，有很多人经常不以为然，觉得不自在；而当别人批评或指责我们的时候，会久久不能忘怀。大多数人也很少花时间去想自己的长处和优点是什么。

我们为什么不愿或害怕欣赏自己呢？因为：

（1）不希望自己不同于同伴，让别人觉得自己骄傲；

（2）害怕让别人失望；

（3）害怕和别人因此产生隔阂；

（4）总觉得自己根本没那么好，自以为是；

（5）觉得自己不值得。

了解和欣赏自己的优点，会使我们在外界的变化、风雨和挑战中，总能找到自己的立足点和港湾，不至于被影响、冲击得不知去向。欣赏自己的能力不是与生俱来的，所以需要专门的训练，要有确定的时间来训练这项技能。方法如下：

练习学会欣赏自己：

（注：部分练习摘自《静观自我关怀教师手册》）

（1）找一个安静的时间和没有人打搅的地方。

（2）闭上眼睛，让身体完全放松。

（3）仔细想2～3件事情，找出你非常欣赏自己的地方——你真的从心底深处很喜欢自己的地方。

你不需要告诉任何人，所以尽可能无所顾忌地诚实地向内探索。如果实在想不出自己有哪些优秀品质，可以问问周围的人，问他们喜欢你什么品质，记录下来，从中挑选你觉得自己拥有的。例如此时此刻，我最欣赏自己的品质是：真实、勇敢、勤奋、好学、坚持。

（4）想到自己身上的优秀品质，再想想是谁培养和帮助自己练就了这些品质。父母、老师、朋友、某些书的作者？在一一回想时，也把感恩之情送给他们。

在我回想自己欣赏的品质时，我首先感恩我的母亲，她是一个非常真实、善良、博爱的人，而且非常自律，无所畏惧，行动力极强。在物质极度匮乏的年代，家里做了饺子，母亲一定会把一盘盘饺子，让我端去送给邻居。有的时候，我真想在途中偷吃几只。

我酷爱读书的习惯随了父亲。父亲是一个信奉"万般皆下品，唯有读书高"的人，我回想父亲的画面，一定是他捧着一本书，啃着自己的大拇指，凝神读书的样子。

回想到这儿，我心中充满感动，眼中蓄满泪水。我以为自己早已成熟，回头来看，却发现原来自己一直享用着父母所给予的一切，而他们都已年近八十。

（5）当我们欣赏自己的优秀品质时，也尊重和感恩曾经帮助我们具备这些品质的人。

哈佛大学临床心理学家克里斯托弗·肯·杰默老师让我知道，只有真实是不够的。他说没有善意和关怀的真实是一种冷酷和残忍，也让我知道什么是心怀慈悲和关怀。

彼得·德鲁克的关门弟子詹文明老师，用他的实际行动，言传身教，让我知道什么是贡献——成就钻石人生的根本所在。

还有许许多多帮助过我的人……

让我们学会经常欣赏自己拥有的优秀品质，感恩带给我们这些品质的人，深深地沉浸其中。就像此时此刻的我，内心充满由心底而发的感恩和喜悦，一路走来，起伏跌宕，但从未孤单过，感恩那么多的人造就了我的今天，内心是满满的感动和力量。

真正的自由是做一个真实的自己

人都非常渴望自由，以为拥有了很多东西就会自由。

其实，真正的自由是做一个真实的自己，说想说的话，做想做的事，见想见的人，当然前提是利人利己。

许多人觉得做人很累。我说做人累是因为你做了太多自己不想、不愿、勉为其难、违背自己真心的事情。

那么为什么你会经常违背自己的心愿说话做事呢？你不是想做一个虚假的人，是因为你害怕。害怕别人知道真相从而不喜欢你，害怕自己被人抓住了弱点就不安全了。

你会说，人在江湖，身不由己。可是江湖上是怎么回事呢？很多人认为，在政府系统和商界做人不容易。

我问过许多官员和商界人士：你们最不喜欢和什么人相处？他们的回答是：溜须拍马、阳奉阴违、唯唯诺诺、左摇右摆、没有准则的人。

我又问：喜欢和什么人相处？回答一般是：真实真诚的人。其实不用问别人，你可以问自己喜欢和什么人相处，相信你的答案也会是真实真诚的人。

迄今为止，我还没有发现不喜欢和真实真诚的人相处的人。其实，不管什么人都喜欢与直率、真实、真诚的人相处。

所以，当我们与他人有矛盾时，最好直抒己见，当面核对，不让怀疑和猜测成为彼此之间的障碍。

与人交流时无须掩盖，无须急切地期待被肯定、被认同，也无须讨好。每个人都有自己的判断，你是什么样，终究会呈现出什么样，装不了，也遮掩不了。

当你做真实的自己时，别人自然会找到和你的关系定位。喜欢你的自然会接纳你，不喜欢你的也不用浪费彼此的时间。不用去猜测别人，因为你很难猜准。弄清楚自己，也就看清了他人。

时间久了，你就有了自己的品牌和口碑。真实真诚是这个时代更为稀有的人文品质。

失败是追求虚幻的结果。比如，追求不能实现的梦想，爱上一个不爱你的人，在短暂中追寻永恒，在动荡和危险中追求稳定和安全。如果生活不尽如你意，多半是因为你偏离了真实的世界。

记住，不管什么人都喜欢和真实真诚的人相处。

做坦荡自由的自己

没有善意的真实是一种冷酷，没有关怀的真实是一种自以为是。如果不能利人利己，所谓的真实，很多时候不过是一种发泄内心不满的方式而已，是一种自欺欺人、为所欲为的自私。

人总想给自己的行为冠以高大上的包装，所以下次想做真实自己的时候，扪心自问，有没有想发泄，只想满足自己私欲的成分。

然而在生活中，还有些人在与他人相处、交朋友时，做不到完全放松，不敢释放真实的自己，常给人以距离感，自己也会紧张、焦虑、担忧。

与他人相处紧张该怎么办呢？

第一，知道紧张是过去经历的结果。

一般来说，小孩与人相处不太会紧张。如果你感到紧张，可能是在过去与人相处的过程中受到了伤害。因为我们过去受过伤害，就像一朝被蛇咬，十年怕井绳，会夸大这种紧张感。但现在你已经长大了，那些只是过去的痕迹。真实的自己，就是能够与人真实地表达自己的感受，因此可以试着找三个你感到比较熟悉、对你友善的人去练习，去真实地表达自己，开始会紧张——也只是开始，一旦开始就会轻松很多，在做的过程中，自己会越来越放松，越来越自如。

第二，要知道别人愿意和你成为朋友，是因为跟你在一起感到安全、舒服、快乐。

让人舒服的要素是：你自然而真实，同时顾及别人的需求，不是等着被肯定、被称赞、被关心，沉浸在自己的期待或恐惧之中。其实，人在计较自己的利益得失时才会恐惧，你拥有的别人拿不走，没有的怕也没用。

第三，做一个倾听者。

人都需要有听众，被倾听是一件令人非常快乐的事。但很多人在与人交流时，就两个状态，说或者等着说。最简单又有效的与人交流的方式是倾听，再面带微笑，基本就全部搞定了。

天地间忙忙碌碌的人，看似有很多不同，其实都在忙幸福。只是有的人越忙越远离初心，"忙"字的意思是心亡。我们只需要回归初心，做真实的自己，因为这样简单轻松，也免了别人的猜测之苦。属于我们的不会离去，不属于我们的无法挽留。只要真诚地面对每一件事、每一个人，便可坦坦荡荡、轻轻松松地拥有每一个属于自己的日子。生命如此，便是美好！

接纳自己以为的不完美，本身就是一种自我关怀

坐在家中，秋高气爽，凉风习习，树叶开始变得金黄，此情此景下，情绪一书也完稿了，平静之余，依然有很多不满意，有很多不完美。

但我知道，此时我更需要的是慢慢放过自己，因为当下还有更多要做的事，我需要平衡取舍，尽力了就好。接纳自己以为的不完美，本身就是一种自我关怀。

在努力走向卓越的路上，压迫自己似乎已经成为一种习惯，因此焦虑常常不请自来，也使周围的人不自在。但是我知道，能够放过自己才知道如何不要求他人，如此，人生才能开始真正和谐的循环。

此刻，更深的感受是发自心底的感恩。这部作品的完成，包含了许多人的心血。想到紫图图书的老师一路鼓励我说只要写，写成什么样都行，这让我在写作时挥洒自如；感谢编辑玲玲、晓娜，倾力倾情投入编辑，夜以继日；还有海蓝幸福家团队的曹译文、焦雪晶、黄小玉、王晓飞、邓芳芳、张娟在整理素材、编辑并提出修改意见时倾情投入；感恩为本书写序、写书评的各位老师、朋友。

人生如此短暂，感恩我们生命的相遇，能够一起创作一部可以帮助人拥有内心宁静与和谐的书。

也感恩手捧这本书的您，在茫茫人海中，我们不期而遇，如果您能因阅读此书而感到轻松、有所释怀，我便心安了。

peace & love

2016 年 9 月 20 日完稿于广东五桂山下

大家评论

Praise for the book

读完海蓝博士的书，我深深觉得：不管你是什么人，人生最重要的素质之一就是情绪管理的智慧，付出最小、受益最大的能力之一也是情绪管理的智慧。因为，管理好情绪就能让理性控制自己的判断和决策，从而把命运牢牢握在自己手中。

——**徐小平**（真格基金创始人、新东方联合创始人）

每个家长都重视孩子的学习与教育，却不知道最需要学习的首先是自己。海蓝博士告诉我们，孩子幸福的核心是孩子和家长之间温暖持久的亲密关系，而拥有这样的关系，家长首先需要学会管理好自己的情绪。这是一本每个人都易学易用的情绪管理手册，如果你想让孩子越来越好，不妨从边看边学这本书开始。

——**俞敏洪**（新东方教育集团有限公司董事长）

"心理学"的主要目的乃是为了"自我洞察"与"控制自我"。为此，拥有专精的心理知识和理论是必要的基础，更重要则是实务的丰富经验，这是为世人所公认的。尤其在咨询个案时，乃是绝对要以病人的福祉为依归，除了对专业的高标准、高要求之外，"诚实正直"

才是关键之钥。《不完美，才美Ⅱ——情绪决定命运》，海蓝老师的再度呕心力作，她是解读"情绪是一种密码"的不二人选，是一位值得信任的咨商权威。

——**詹文明**（彼得·德鲁克关门弟子，CEO、董事长、领导者私人教练）

海蓝博士的这本书聚焦于困扰我们内心最多的隐形杀手——情绪，那些曾经有过的焦虑、忧伤、孤独、恐惧……从来不是对手，而是最好的盟友，它用特别的方式提醒我们：是否忘记了初心，偏离了幸福的轨道。在书中，海蓝博士分享了她不同阶段的生命画卷，如同一位智慧的长者在我们的耳旁私语，幸福不在于你拥有什么，而在于你是否能够在任何境遇下，很快恢复内心的宁静与和谐。

——**苏岑**（知名作家）

一念天堂，一念地狱，人总是被情绪所纠缠。海蓝博士说每个人都有蛇性、猴性和人性，了解这一点，可以多用人性的标准要求自己，用动物性理解和宽容别人。了解情绪背后的科学，实践静观自我关怀的方法，逐渐从被情绪困扰和控制，到学会不与不良的情绪对抗，而是与情绪和谐相处，那么人生的幸福指数会高很多。

——**田范江**（百合网CEO、创始人）

真正左右我们情绪的，不是我们境遇中的人或事，而是我们对人生种种境遇的认知和解读，背后体现的其实是我们的信念、价值观和行为准则。让我们觉知自己的情绪来源，成为自己情绪主人的能力和方法，也是让我们成为自己命运主人的能力和方法。感谢海蓝博士的新书，给我们提供了一个路径，让我们可以更好地认识情绪、管理情绪，进而经营好自己的人生。

——**王人平**（"中国榜样家长"，"育儿育己"工作室创始人）

现在社会的机会多，但压力也特别大，所以，学会如何管理好自己的情绪，是非常非常重要的。管理情绪是有方法的，不是凭直觉就能做到。而你所相信的心理学家，不仅仅教方法，也是要给予好的能量，海蓝博士就是这样的人。

——**龚琳娜**（中国新艺术音乐创始人、歌唱家）

听过海蓝博士的课，并有幸一起吃饭聊天，处处感受到海蓝博士的真性情，坦诚、爽朗、乐于助人。她的文字亲切自然，画面感强，读之令人心里舒服、敞亮。没有说教，没有指令，没有责备，只是静静地接纳、梳理、呵护，告诉你如何与身体对话，随遇而安，与人为善。正所谓"文如其人"。

——**中里巴人**（北京中医协会理事，《求医不如求己》作者）

任何身体的伤痛，都会激活你解除疼痛的心理目标，而所有的负面情绪都是你生命的天使护卫。如果你想探求情绪与生命之内在玄机，就怀抱"不完美，才美"的信念，追随海蓝博士，开启情绪自我管理的修炼之旅。当你慢慢放下我执的机用之心，心不随物转，智不为情所困；行能积极进取，坐则随遇而安，相信你就找寻到了通往幸福之路的大智慧。

——**刘晓力**（中国人民大学哲学院教授、博士生导师）

我们生活在一个巨变的时代，面对纷繁复杂的各类压力，我们心中的焦虑与不安与日俱增。如何面对困扰自己的各种情绪问题，调节自己的日常生活与工作状态，充满激情与活力地去面对每一天新的挑战？

海蓝老师作为长年奋斗在第一线的知名心理学践行专家，将自己多年积累的实践经验以朴实无华的文字记录下来，分享给了所有对上述问题感兴趣的普通大众。尤其难得的是，书中除了生动的事例外，还将目前在情绪与心理健康研究中许多重要的学术成果深入浅出地凝练总结了出来。相信每个读者都能从中收获属于自己的一份惊喜与感动！

——**刘超**（北京师范大学认知神经科学国家重点实验室教授、国家社科重大项目首席专家）

通过本书，你将学会如何了解和管理自己的情绪，不管你正挣扎于焦虑、抑郁、愤怒或其他困难情绪，你都可以相信海蓝博士，因为她本人亲自经历过这些情绪，亲自帮助过许多人面对，从此将自己和他人的生活提升到了幸福和成功的新高度。

我相信本书能够促进中国读者实现快速的情绪能力增长，愿各位读者享受本书，成功地与自己的情绪做朋友。

——**克里斯托弗·维拉德**（Christopher Willard）博士
（哈佛大学医学院心理专家，*Mindfulness for Teen anxiety* 作者）

人的一生，不是为钱所困就是为权所困，更多是为心所困。人心是一个很神奇的东西，能带给人无尽的欢乐或无尽的痛苦。能控制自己的内心，才能管理自己的幸福。跟海蓝博士一起学习成长，绝不是像阅读心灵鸡汤那么简单，而是学会一整套科学而人性化的幸福管理方法。

——**吴琳光**（世纪佳缘网执行董事兼首席执行官）

前面两车追尾，眼见着司机双双下车都瞪着眼睛不停嘴，开始推搡，冲突升级。有人停车劝架，有人路过围观，于是，交通基本瘫痪。忽然想起海蓝姐即将推出的新书《不完美，才美 II ——情绪决定命运》。在这个越来越焦躁的都市，迫切地希望更多的人学习管理自己的情绪，为己为人。谢谢海蓝姐的努力，为我们的生活环境做了件好事。

——**柯蓝**（著名演员）

虽未与海蓝博士谋面，但神交已久。因为深感我们在做同样的事，我写《只有医生知道》是希望大众多了解自己的身体，海蓝博士写作是为了让大众了解自己的内心。赞成海蓝博士的观点，不管你要开始怎样一个项目，首先应学会情绪管理，正如书中所言，情绪决定你的心态，甚至决定命运的走向。读过此书，如果你能尝试并坚持管理好自己的情绪，不但可以帮你成为自己的心理医生，我想去医院的次数也会大大减少。

——**张羽**（北京协和医院妇产科副教授、副主任医生，
《只有医生知道》系列畅销书作者）

简单地说，人生最重要的事情无非就是两个字：钱和情。我们大多数人的一生，不是为钱所困，就是为情所困，或者两者兼而有之。可以说，钱和情演绎了人类几千年来几乎所有的悲欢离合、幸与不幸。所以，管理金钱财富和管理情绪情感是现代人应该具备的两个最基本也是最重要的能力。也就是说，财富管理和情绪管理是现代幸福人生的两门必修课。

关于财富管理方面的书籍汗牛充栋，财富管理方面的专家也多如牛毛。然而，关于情绪管理方面的好书籍和好专家非常少见。四年前，我有幸认识了海蓝博士，她无疑是中国乃至世界一流的幸福力专家，也是情绪管理方面当之无愧的顶尖学者。四年多来，我亲眼见证她帮助无数的学员摆脱了情绪困扰的困境。她的这本书就是继《不完美，才美》之后有关情绪管理方面的又一力作。我相信，这本书的面市，必将再次打开读者的心扉，引领读者走向少有人走的幸福之路。

衷心祝愿每一位读者幸福一生一世！

——**吴正新**（清华大学国家金融研究院财富管理研究中心理事长，
首善财富管理集团有限公司董事长）

图书在版编目（CIP）数据

不完美，才美. II / 海蓝博士著. — 广州 : 广东
人民出版社, 2016.10（2023.11重印）

ISBN 978-7-218-11228-2

I.①不… II.①海… III.①人生哲学－通俗读物
IV.①B821-49

中国版本图书馆CIP数据核字(2016)第233863号

BUWANMEI,CAIMEI II

不完美，才美 II

海蓝博士 著

出 版 人：肖风华

责任编辑：李力夫
装帧设计：紫图图书ZITO®
责任技编：吴彦斌　周星奎

出版发行：广东人民出版社
地　　址：广东省广州市越秀区大沙头四马路10号
　　　　　（邮政编码：510199）
电　　话：（020）85716809（总编室）
传　　真：（020）83289585
网　　址：http://www.gdpph.com
印　　刷：艺堂印刷（天津）有限公司
开　　本：880mm×1270mm　1/32
印　　张：9.5　　字　　数：180千
版　　次：2016年10月第1版
印　　次：2023年11月第21次印刷
定　　价：55.00元

如发现印装质量问题，影响阅读，请与出版社（020-85716849）联系调换。
售书热线：（020）87716172